U0958691

内河船舶污染事故
损害赔偿机制

李　涛　李鲁宁　杨献朝　田玉军　著

人民交通出版社股份有限公司
China Communications Press Co.,Ltd.

内 容 提 要

本书从内河污染损害赔偿保险机制的政策属性出发,主要探讨保险主管机关和交通主管机关的职责分工,分析各自监管的内容和形式。在此基础上,提出了"中国海事局方面对符合投保条件船舶是否投保污染损害民事责任保险进行监督,中国保险业监管管理委员会方面依据保险法对承保污染损害民事责任保险的承保公司条款和费率备案、偿付能力、合法合规及再保险进行监督"的模式,这对整个内河船舶保险业是一种机制创新。

本书适用于从事航运相关研究工作的技术人员和高等院校广大师生阅读参考。

图书在版编目(CIP)数据

内河船舶污染事故损害赔偿机制 / 李涛等著. —北京:人民交通出版社股份有限公司,2017.8

ISBN 978-7-114-14152-2

Ⅰ. ①内… Ⅱ. ①李… Ⅲ. ①内河船—船舶污染—环境污染事故—国家赔偿法—研究—中国 Ⅳ. ①D922.683.4

中国版本图书馆 CIP 数据核字(2017)第 216208 号

书　　名: 内河船舶污染事故损害赔偿机制
著 作 者: 李　涛　李鲁宁　杨献朝　田玉军
责任编辑: 司昌静
责任校对: 宿秀英
责任印制: 张　凯
出版发行: 人民交通出版社股份有限公司
地　　址: (100011)北京市朝阳区安定门外外馆斜街 3 号
网　　址: http://www.ccpress.com.cn
销售电话: (010)59757973
总 经 销: 人民交通出版社股份有限公司发行部
经　　销: 各地新华书店
印　　刷: 北京鑫正大印刷有限公司
开　　本: 720×960　1/16
印　　张: 9.5
字　　数: 112 千
版　　次: 2017 年 8 月　第 1 版
印　　次: 2017 年 8 月　第 1 次印刷
书　　号: ISBN 978-7-114-14152-2
定　　价: 45.00 元
(有印刷、装订质量问题的图书由本公司负责调换)

前言
FOREWORD

我国内河航运资源丰富，在国民经济发展中发挥着越来越重要的作用。随着经济规模的进一步扩大，经济发展与资源、能源、环境的矛盾日益突出，而发展内河航运，能够最大限度地节约土地资源、减少能源消耗、降低环境污染，有效地缓解资源和环境压力，是实现我国交通可持续发展的必然要求。与此同时，船舶污染是造成环境污染的一部分。一旦发生船舶污染事故，不仅给当地经济和环境带来极大的负面影响，同时也带来很多的社会问题。

近年来，我国在海上船舶污染事故赔偿机制方面有了长足的进步，但在内河船舶污染损害赔偿机制的建设方面尚显薄弱。污染损害赔偿制度的缺失，往往导致受害者得不到及时、充足、合理的赔偿，这加大了管理机构的工作压力，增加了维权的成本。因此，如何以现有法律法规为基础建立内河船舶污染损害赔偿制度，并进一步探索和完善运行模式，以期降低污染事故造成的影响，促进我国内河航运的可持续发展，是本书的研究重点。

本书以长江内河危险货物船舶运输为例，开展内河船舶污染事故损害赔偿机制研究，主要完成以下两项创新。

1. 对内河保险实施模式的创新

在研究过程中分析内河污染中的可保风险和不可保风险，得出合理的保险责任范围和除外责任范围；研究实施过程中的强制保险和统保模式。此外，还针对内河污染可能造成的巨额损失，研究了采用共保体进行再保险的方式分散风险的可行性和操作方式。

2. 建立内河船舶污染损害民事责任保险的监管模式

目前，针对内河船舶污染损害保险的监管，我国主要采用保监会对保险公司许可、海事主管机构对船舶投保情况审核的方式。这种方式使得在监管过程中政府部门存在一定的脱节，不同管理机构之间的配合机制也不够完善。

为了从制度层面解决这个问题，本书从内河污染损害赔偿保险机制的政策属性出发，主要探讨保险主管机关和交通主管机关之间的职责分工，分析各自监管的内容和形式。在此基础上，提出了“中国海事局方面对符合投保条件的船舶是否投保污染损害民事责任保险进行监督，中国保险业监管管理委员会方面依据保险法对承保污染损害民事责任保险的承保公司条款和费率备案、偿付能力、合法合规及再保险进行监督”的模式，这对整个内河船舶保险业是一种机制创新。该模式的创立，对于理清保险制度、降低保险成本、规范企业经营方式等具有重要意义。

作　者

2017 年 6 月

目录

CONTENTS

1 概述

内河航运具有投资小、运量大、成本低、占地少、能耗低、污染轻、安全性能高等优势，尤其是在煤矿、粮油等大宗物资运输和集装箱运输中具有不可替代的明显优势。面对国际航运大环境低迷的严峻形势及发展内需性经济的迫切需求，内河航运既是我国长江、珠江等流域经济发展的战略资源，也是航运业持续深入发展的重要保障。2011 年 1 月，《国务院关于加快长江等内河水运发展的意见》发布，至此，内河水运发展上升为国家战略。此后，内河航运发展迅速。在全球航运市场低位运行的背景下，2016 年长江干线货运量逆势上扬，完成货物通过 23.1 亿 t，同比增加 6.0%；完成集装箱吞吐量 1520 万 TEU，同比增长 6.8%。长江干线亿吨大港已达 14 个，比 2015 年新增了铜陵港、马鞍山港，长江干线生产性泊位 3922 个，其中万吨级泊位 572 个，比 2015 年增加了 70 个，5 万吨级及以上泊位 146 个。长江沿线七省二市集聚了我国 40% 以上的经济总量，长江航运年直接产生国内生产总值（GDP）达 1200 亿元，间接带动国内生产总值逾 2 万亿元。近年来内河航运业迎来黄金发展期。

随着我国经济的不断发展，内河航运起着越来越重要的作用，同时，内河船舶在运输过程中也给流域水环境造成了较为严重的污染。由于内河水体同时兼具多种功能，重大船舶污染事故不仅给当地经济和环境带来极大的负面影响，也可能造成较为严重的社会影响和政治影响。

目前,随着国家对环保工作的日益重视,内河船舶污染防治工作进展显著,但在内河船舶油污损害赔偿制度的建设方面尚显薄弱。由于污染损害赔偿制度的缺失,导致受害者得不到及时、充足、合理的赔偿,清污单位缺少保障导致污染得不到及时、有效治理的情况时有发生,这加大了管理机构的工作压力,也增加了受害者维权的成本。

因此,亟须通过分析我国内河船舶污染损害赔偿机制建设的法律法规和限制条件,研究建立内河船舶污染损害赔偿机制的方式方法,探索其运行模式,以期降低污染事故造成的影响,促进我国内河航运的可持续发展。

2 我国内河航运及敏感资源现状

2.1 概念

1. 内河航运

按照航线范围，航运可以划分为内河航运、沿海航运和远洋航运。本书中所称“内河”是指内河航道，即在内陆水域中用于船舶航行的通道，包括天然航道和人工航道等内陆水域（江、河、湖、水库、人工运河和渠道等）。从法律适用性来看，我国内河航运受《国内水路运输管理条例》等法律法规管辖和约束，而不是《中华人民共和国海商法》（以下简称《海商法》）以及《联合国海洋法公约》（以下简称《海洋法公约》）。

2. 内河船舶

内河船舶和海上船舶都是水上交通工具，其经济作用是相同的。不同之处在于法律法规对其提出的界定不同或者说二者的法律属性存在差异。内河海事法中，“内河船舶”概念的内涵应该和《海商法》基本相同，即都是商船，但是由于内河海事法调整对象的特定性，其所指船舶的外延则比《海商法》规定的要宽。因此，内河海事法中的船舶是指航行、停泊或者作业于内河水域的水上运输工具，包括内河船、水上飞机、气垫船及其他内河移动式装置和建造中的船舶，包括船舶属具，但是排筏、军队和政府公务船舶除外。对于渔船，如果正在捕鱼就不应属于海事法上的船舶;如果在航行过程或者停泊之中,则应认为属于海事法上的船舶。对于进江海船是否属于内河海事制度中的船舶,学术界存在争议。从船舶持有的适航证书上看,根据《内河通航标准》,我国的内河航道可以划分为七级,船舶在内河进行水上运输时要取得相应的适航证书。因此,取得内河适航证书的船舶均属于内河船舶。进江海船应属于《海商法》第 3 条规定的"船舶"范围,而且《海商法》第 2 条也明确指出:"本法所称海上运输,是指海上货物运输和海上旅客运输,包括海江之间、江海之间的直达运输。"因此,进江海船不应划入内河海事法律体系。

3. 内河通航里程

内河通航里程指在一定时期内,能通航运输船舶及排筏的天然河流、湖泊水库、运河及通航渠道的长度。包括全年季节性通航累计 3 个月以上的航道,不包括仅供零散流放竹筏、木排的河道。它是反映内河水运网规模、水平和发展情况的主要指标。

我国主要外流河除东北和西南地区的部分河流外,受我国地形西高东低的总趋势控制,干流流向大多自西向东。外流河的干流,大部分发源于三大阶梯隆起带上。第一带是青藏高原的东部、南部边缘。这里发育的都是源远流长的巨川,如长江、黄河、澜沧江、怒江、雅鲁藏布江等。这些河流不仅是我国著名的大河,也是世界上的大河,许多国际性河流,如流经缅甸入海的萨尔温江(上源怒江),流经老挝、缅甸、泰国、柬埔寨、越南而入海的湄公河(上源澜沧江),流经印度的布拉马普特拉河(上源雅鲁藏布江)和印度河(上源狮泉河)都发源于此。第二带是发源于第二阶梯边缘的隆起带,即大兴安岭、冀晋山地和云贵高原一带,如黑龙江、辽河、海河、西江等,也都是重要的大河。第三带是长白山地,主要有图们江和鸭绿江,它们临近海洋,流程短、落差大,水力资源丰富。

2.2 概况

我国有大小天然河流5800多条，总长40多万km。截至2016年年底通航里程为12.71万km，位居世界第一；另有可通航的大小湖泊900多个（不包括台湾省）。这些河流、湖泊的水量一般都比较充沛，大多终年不冻。主要通航河流大多分布在经济发达、人口稠密的地区，并且都由西向东流入大海，极利于实行河海联运。我国又是世界海洋国家之一，有漫长的海岸线，港湾众多，因此在横贯我国东西的长江沿岸流域，有利于建立具有经济价值的河口港。

2016年年底，全国内河航道通航里程12.71万km，同比增加0.01万km；等级航道6.64万km，占总里程52.3%，同比提高0.1个百分点。其中三级及以上航道1.21万km，占总里程的9.5%，同比提高0.4个百分点。各等级内河航道通航里程分别为：一级航道1342km、二级航道3681km、三级航道7054km、四级航道10862km、五级航道7485km、六级航道18150km、七级航道17835km、等外航道6.07万km。各水系内河航道通航里程分别为：长江水系64883km，珠江水系16450km，黄河水系3533km，黑龙江水系8211km，京杭运河1438km，闽江水系1973km，淮河水系17507km。

2016年全国内河航道通航里程构成见图2-1。

从运输服务来看，2016年，长江干线完成货物通过量23.1亿t，同比增加6.0%；完成集装箱吞吐量1520万TEU，同比增加6.8%。运输船舶数量达14.72万艘，同比下降3.5%；净载质量1.34亿t，同比增长6.9%；载客量77.44万客位，同比减少1.1%；集装箱箱位29.72万TEU，同比增加9.9%。虽然船舶数量有所减少，但无论是载质量还是集装箱吞吐量都有所增加，这说明内河船舶在朝着大型化方向发展。

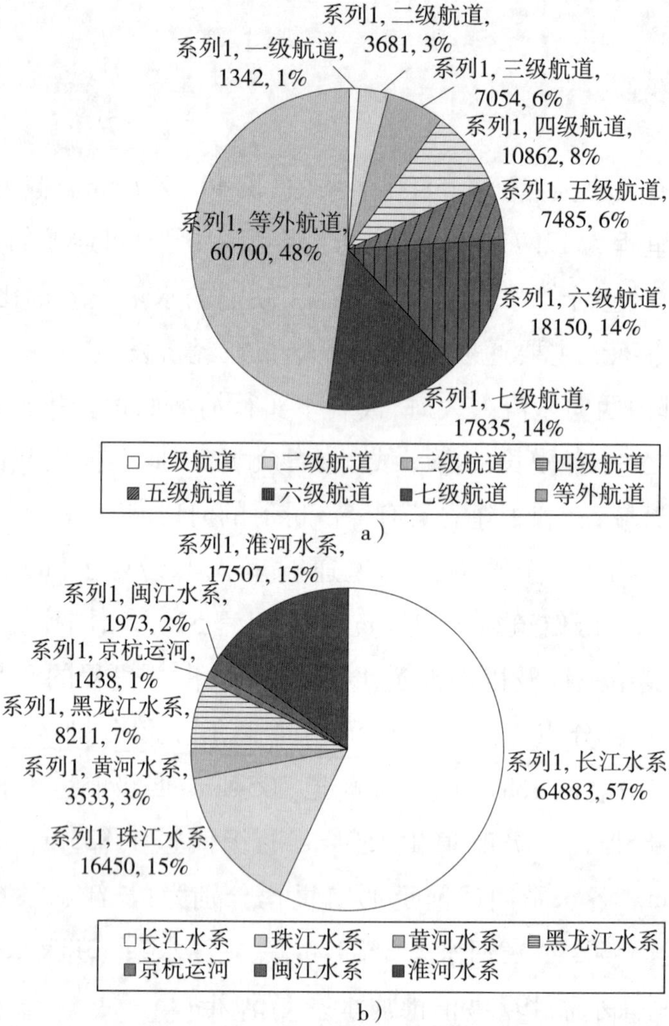

图 2-1　2016 年全国内河航道通航里程构成

2.3　长江船舶运输现状

2.3.1　长江运力现状

我国内河航运主要分布在长江、京杭运河、珠江、淮河、黑龙江等水系。以长江为例，长江是我国第一大河流，水路运输事业发达，干线上约有8万多艘船舶航行，船舶艘次密集。基于长江得天独厚的水上运输条件和运输成本优势，长江沿岸产业密集，工业门类齐全，工业基础雄厚，沿岸大量钢铁、石化、汽车、电力工业基地的主要原材料，大部分由长江水路运输承担。随着工业与经济的迅猛发展，目前长江沿线共布局化工园区62个，生产企业约2100家，化工产量约占全国的46%。生产中应用危险化学品的数量大大增加，推动了危险化学品水运事业的迅猛发展，长江危险化学品运输生产安全风险也在上升。2016年，长江干线规模以上港口完成货物吞吐量23.1亿t，同比增长6.0%；规模以上港口完成货物吞吐量22.7亿t，完成外贸货物吞吐量3.3亿t。其中，长江干线危险化学品运输量超过1.7亿t，作业品种超过250种。同时，长江也是沿江地区重要的水源地，沿线人口众多，取水口密集，干线沿线共有生活和工业取水口400多处，涉及人口约1.4亿，一旦发生危险化学品泄漏等安全事故，将直接威胁沿江居民饮水安全，影响生态环境和沿江经济发展。

2016年，长江水系14省市拥有运输船舶14.72万艘，长江干线货船平均吨位达到1490t，通过三峡船闸的货船平均吨位达到4240t，同比分别增加110t和220t。长江干线生产性泊位3922个，同比减少39个；万吨级泊位572个(含14个亿吨大港)，同比增加70个。

与此同时，航运建设进展显著。2016年，长江水系14省市共完成内河航运建设投资逾500亿元，长江下游福姜沙中水道航道维护水深由4.5m提升至9.0m，12.5m深水航道初步贯通至南京，5万吨级海轮可全天候直达南京、10万吨级可乘潮通达南京；中游荆州至城陵矶枯水期航道维护水深由3.5m提升至3.8m，城陵矶至武汉枯水期航道维护水深由3.7m提升至4.0m，中游航道全面达到或超过Ⅰ级航道标准；上游四川宜宾、泸州段最低水深提升到2.9m。长江干线航道通过能力进一步提升，并且长江经济带建设的基础得以不断夯实。

2.3.2 长江现有货船船型及发展趋势

1. 船舶标准化和大型化

目前,我国在内河推行船舶标准化工作,针对长江实际情况制定了系列主尺度船型标准。同时,推动长江船舶的大型化及变吃水技术以适应市场发展和航道需求。

(1)干散货船。

目前,干散货船是长江运输的主力船型,其运力占长江船舶总运力的85%左右,承担着长江干线煤炭、金属矿石、钢铁、非金属矿石、矿建材料、化工原料等货物的运输。在三峡大坝建成并投入使用后至今,长江干散货船船型发生了较大变化并呈现出一定的发展趋势。我国对川江及三峡库区干散货船标准船型主尺度做出了规定,见表2-1。

川江及三峡库区干散货船标准船型主尺度系列 表2-1

船型分级(载货吨级)	总长(LOA)(m)	船宽BOA(m)	设计吃水(m)	参考设计载货量(t)	参考主机功率(kW)	备注
500	50~55	8.6	2.2~2.4	410~660	(110~180)×2	在参考主机功率下,对应船舶设计吃水的设计航速≥18km/h
800	55~58	10.8	2.4~2.6	750~900	(180~200)×2	
1000-Ⅰ	65~68	12.8	2.4~2.6	1000~1200	(230~250)×2	
1000-Ⅱ干支直达	60~63	12.8	2.2~2.4	800~1000	(230~250)×2	
1500	72~80	13.6	2.6~2.9	1300~1800	(270~300)×2	
2000	82~87	14.0	2.8~3.0	1900~2200	(280~350)×2	
2500	86~92	14.8	2.8~3.2	2200~2750	(350~400)×2	
3000	88~95	16.2	3.3~3.5	2800~3300	(400~440)×2	
3500	98~105	16.2	3.3~3.5	3350~3600	(440~500)×2	
4000	105~110	17.2	3.5~3.6	3600~4100	(480~550)×2	
4500	105~110	19.2	3.5~3.8	4200~4800	(580~650)×2	
5000	105~110	19.2	4.2~4.3	4800~5400	(600~660)×2	

注:本系列船型采用平板型护舷材,船舶应满足规定的总长、船宽要求。

近年来，船舶大型化尤其是干散货船船舶大型化趋势明显。长江干散货船受通航条件的限制，其吃水相对较小，宽度吃水比（B/T）较大。在确定的船舶主尺度基础上，为尽可能提高船舶载量，必须适度加大船舶的方型系数。目前，长江干散货船一般方形系数大于0.75，航速付氏数 F_n 小于0.2，B/T大于3.5，属超浅吃水肥大型运输船型。航行于长江大型化船舶的货船代表船型见表2-2。

长江大型化货船代表船型 表2-2

吨级（t）	航　区	LOA（m）	BOA（m）	设计吃水（m）	载货量（t）	设计航速（km/h）	主机功率（kW）
5000	上游、中游、下游	108.8	19.2	4.2	5000	17.0	400×2
5000	中游、下游	99.0	17.0	5.0	5000	19.2	662×2
7000	下游	102.8	17.8	6.0	7000	16.0	800×2

（2）集装箱船。

近年来，长江集装箱运输飞速发展，伴随着航道及码头条件的改善，其运输船型也发生了较大变化，向标准化、大型化方向发展。

川江及三峡库区运输船舶标准船型主尺度系列中，对航行于川江及三峡库区的内河集装箱船的标准船型主尺度做出了规定，见表2-3。其中，长江库区以150TEU、200TEU、300TEU三种集装箱船标准船型为主力船型。

（3）液货船。

日前，在长江沿线的危险化学品运输船舶中，单壳船仍然占有较大的比例。在全国重要的化工物流集散地张家港，内贸危险化学品运输船舶主要以单壳船为主。这些单壳船一部分是由杂货船或废弃船改装而来，还有一部分是老龄船，船舶的可靠性和安全性较差，消防设备和应急设备也存在一些不足和缺损，在运输危险化学品过程中防碰撞、防泄漏能力低，直接威胁着长江的生态环境。

川江及三峡库区集装箱船标准船型主尺度系列　　表2-3

<table>
<tr><th>船型分级
(载箱量)</th><th>LOA
(m)</th><th>BOA
(m)</th><th>设计吃水
(m)</th><th>参考设计
载箱量(TEU)</th><th>参考主机功率
(kW)</th><th>备　注</th></tr>
<tr><td>50</td><td>62 ~ 64</td><td>10.8</td><td>2.0 ~ 2.4</td><td>45 ~ 55</td><td>(200 ~ 230) ×2</td><td rowspan="10">在参考主机功率下,对应船舶设计吃水的设计航速≥20km/h</td></tr>
<tr><td>60</td><td>67 ~ 70</td><td>12.8</td><td>2.0 ~ 2.6</td><td>60 ~ 70</td><td>(300 ~ 350) ×2</td></tr>
<tr><td>100</td><td>72 ~ 75</td><td>12.8</td><td>2.6 ~ 3.0</td><td>90 ~ 110</td><td>(330 ~ 350) ×2</td></tr>
<tr><td>150</td><td>85 ~ 90</td><td>13.6</td><td>2.8 ~ 3.2</td><td>120 ~ 157</td><td>(330 ~ 440) ×2</td></tr>
<tr><td>200 - Ⅰ</td><td>85 ~ 90</td><td>14.8</td><td>2.8 ~ 3.2</td><td>135 ~ 170</td><td>(420 ~ 470) ×2</td></tr>
<tr><td>200 - Ⅱ</td><td>85 ~ 90</td><td>16.2</td><td>3.0 ~ 3.5</td><td>150 ~ 200</td><td>(470 ~ 500) ×2</td></tr>
<tr><td>250 - Ⅰ</td><td>92 ~ 98</td><td>16.2</td><td>3.5 ~ 4.0</td><td>220 ~ 240</td><td>(550 ~ 600) ×2</td></tr>
<tr><td>250 - Ⅱ</td><td>105 ~ 110</td><td>16.2</td><td>3.5 ~ 4.0</td><td>240 ~ 260</td><td>(600 ~ 660) ×2</td></tr>
<tr><td>300</td><td>105 ~ 110</td><td>17.2</td><td>3.5 ~ 4.0</td><td>260 ~ 310</td><td>(630 ~ 660) ×2</td></tr>
<tr><td>350</td><td>105 ~ 110</td><td>19.2</td><td>4.1 ~ 4.3</td><td>320 ~ 360</td><td>(700 ~ 730) ×2</td></tr>
</table>

为此,在内河推行船舶标准化工作中,对航行于川江及三峡库区的液货船(包括油船、化学品船)的标准船型主尺度做出了规定,见表2-4。同时,近年来我国开发了多型专用于长江的油船,代表船型见表2-5。

川江及三峡库区液货船标准船型主尺度系列　　表2-4

<table>
<tr><th>船型分级
(载货吨级)</th><th>LOA
(m)</th><th>BOA
(m)</th><th>设计吃水
(m)</th><th>参考设计
载货量(t)</th><th>参考主机功率
(kW)</th><th>备　注</th></tr>
<tr><td>500 - Ⅰ</td><td>55 ~ 58</td><td>10.8</td><td>2.0 ~ 2.4</td><td>450 ~ 700</td><td>(160 ~ 205) ×2</td><td rowspan="11">在参考主机功率下,对应船舶设计吃水的设计航速≥18km/h</td></tr>
<tr><td>500 - Ⅱ</td><td>50 ~ 55</td><td>8.6</td><td>2.0 ~ 2.4</td><td>400 ~ 650</td><td>(130 ~ 180) ×2</td></tr>
<tr><td>800 - Ⅰ
(干支直达)</td><td>60 ~ 65</td><td>10.8</td><td>2.2 ~ 2.4</td><td>700 ~ 850</td><td>(205 ~ 255) ×2</td></tr>
<tr><td>800 - Ⅱ</td><td>65 ~ 68</td><td>12.8</td><td>2.2 ~ 2.4</td><td>900 ~ 1050</td><td>(180 ~ 205) ×2</td></tr>
<tr><td>1000</td><td>72 ~ 75</td><td>12.8</td><td>2.4 ~ 2.6</td><td>950 ~ 1350</td><td>(235 ~ 280) ×2</td></tr>
<tr><td>1500</td><td>72 ~ 75</td><td>13.6</td><td>2.6 ~ 3.0</td><td>1300 ~ 1700</td><td>(280 ~ 330) ×2</td></tr>
<tr><td>2000</td><td>82 ~ 87</td><td>14.8</td><td>2.6 ~ 3.3</td><td>1700 ~ 2250</td><td>(350 ~ 400) ×2</td></tr>
<tr><td>2500</td><td>85 ~ 90</td><td>16.2</td><td>3.2 ~ 3.6</td><td>2200 ~ 2700</td><td>(350 ~ 400) ×2</td></tr>
<tr><td>3000</td><td>90 ~ 95</td><td>16.2</td><td>3.2 ~ 3.6</td><td>2650 ~ 3350</td><td>(450 ~ 500) ×2</td></tr>
<tr><td>3500</td><td>95 ~ 100</td><td>17.2</td><td>3.3 ~ 3.8</td><td>3200 ~ 3700</td><td>(500 ~ 550) ×2</td></tr>
</table>

长江油船代表船型 表2-5

吨级 (t)	LOA (m)	BOA (m)	设计吃水 (m)	载货量 (t)	设计航速 (km/h)	主机功率 (kW)
1000	75.00	13.6	2.4	1262	18.0	330×2
2000	83.73	14.8	2.9	1989	17.0	300×2
2500	87.26	15.6	3.2	2440	17.0	350×2

根据2014年《国务院办公厅关于印发〈推进长江危险化学品运输安全保障体系建设工作方案〉的通知》，自2016年1月1日起，长江干线将全面禁止单壳化学品船舶和600载重吨以上单壳油船进入，危险化学品运输船舶船型标准化率将达到70%。

(4)江海直达运输船。

主要系列江海直达运输船是适应长江中下游矿石、煤炭、灰石、熟料、钢材等干散货运输市场需求，简化物流运输环节，提高企业营运效益的重要运输船型。随着长江江海直达运输市场的竞争日趋激烈，为抢占市场主动权，形成规模经济效益，催生了一批高效先进的运输船型并形成系列。代表船型见表2-6。

江海直达代表船型 表2-6

船舶吨级 (t)	LOA (m)	BOA (m)	设计吃水 (m)	载货量 (t)	主机功率 (kW)	设计航速 (kW/h)
5000	100.0	18.0	5.30	5000	750×2	10.70
6000	105.6	18.6	5.46	6000	996×2	11.90
8000	109.6	18.4	6.00	8000	960×2	11.0
10000	114.0	20.0	6.00	10000	1190.7×2	11.57
11000	121.0	21.6	7.00	11000	1525×2	12.15

2. 长江干线船舶其他结构特点

在长江干线航道上运输的船舶除了在船型主尺度上有一定的规格要求以外，在船舶结构上也呈现出一些独有的特点和趋势。

(1)长江航运集装箱船结构总体布置采用首驾驶室布置,解决驾驶视线的问题。采用船尾排烟,不设烟囱,机舱局部升高,改善机舱的工作条件。采用双尾和长大球鼻首结合的线型提高船舶航行速度,采用变吃水设计提高船舶对航道的适应性。适当降低舱口围板高度和双层底高度,对船舶结构进一步优化,提高船舶经济性。

(2)长江航运化学品船结构采用普通碳钢加特殊涂层货舱,降低造价;采用整体式不锈钢货舱,增加载运货品种类。

(3)采用无舱盖江海直达集装箱船型。

(4)增加双尾结构船舶在长江浅水航道中的应用比例。

(5)江海直达船舶采用球鼻首型,尾型则有单尾、双尾等多种形式,根据航行区域水深、港口装卸条件及船舶吨位大小来确定单机推进或双机推进。

总体而言,长江船舶的船型在朝着大型化、标准化的趋势迈进。

2.3.3 长江危险品运输现状及分析

《水路危险货物运输规则》中列出的危险品有 3000 多种。我国水路运输各种易燃、易爆和具有氧化性、毒害性、腐蚀性的危险品达上千种。目前,长江沿线已逐步形成了覆盖上游、中游、下游的石化工业走廊,化工产量约占全国的 46%,长江沿线共布局化工园区 62 个,化工生产企业 2100 多家。长江水上运输的危险化学品种类繁多,主要为油品、化学品以及液化气 3 类。油品包括原油、成品油、沥青等;化学品主要有丙烷、丁烷、苯、甲苯、二甲苯、甲醇、液碱、冰醋酸、苯乙烯等,品种总数超过 60 种;液化气则主要是指液化天然气、液化石油气。

随着长江沿线经济的快速发展及产业结构的重大调整,目前长江水上危险品运输市场也随之发生了重大变化。一是散装油类运输,特别是原油运输方面,由于中石化与沿海及内陆各省的原油管道开通和2006年5月仪长管道贯通后,绝大部分原油通过管道运输。长江原油水运量出现大幅下降,已不足总量的1/3,使得大吨位原油运输驳船被淘汰,拖驳船舶资产大量闲置;而主要承担成品油运输的自航船运力保持增长,年均增长率为10%。二是散装化学品运输方面,随着长江中上游地区大型化工基地相继建成投产,长江散装化学品运输量出现较大增长,散装化学品船运力呈现较快增长态势,年均增长率达28.4%。三是液化气方面,由于"西气东输"管道工程,液化气运输量基本保持不变。

在长江干线水运货种中,液体化学品约占总量的9%(见表2-7和图2-2),运量基本保持平稳状态。主力船型为2000~3500吨级油船和化学品船。

长江干线液体化学品货运量统计　　表2-7

年份	2008	2009	2010	2011	2012	2013	2014
总运量(亿t)	12.0	13.3	15.0	16.6	17.8	19.2	20.6
液体化学品(亿t)	1.236	1.131	1.361	1.438	1.600	1.707	1.926
液体化学品占总运量比例(%)	10.3	8.5	9.1	8.7	9.0	8.9	9.3

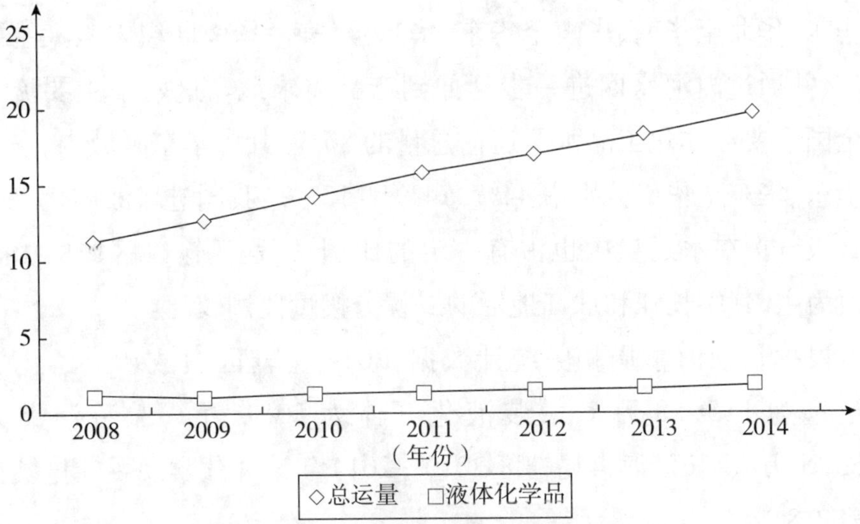

图2-2　长江液体化学品货运量曲线(单位:亿吨)

随着沿江输油管线的开通运行,原油及部分成品油水上运输量下滑明显。而中石化在湖南、湖北、江西、安徽和江苏的大部分地区大规模建设成品油输送管网,成品油配送将呈现以管网为主、水运为辅、铁路和陆路汽运为补充的多种运输方式,成品油运输需求增长幅度有限。随着沿江各省市一批化工企业新建和扩建工程陆续竣工投产,散装化学品运输量将保持平稳增长势头。

从整个长江水系区域分布来看,长江危险化学品运输船舶的运输能力排在前三位的依次为江苏区段、安徽区段和重庆区段。这三个省(市)的液货危险品运输船舶的运力占长江水系危险品总运输能力的81.5%。

在液体化学品运输过程中,主要是散装液体化学品,如苯类、醇类、柴油、汽油等。包装液体化学品数量较少,主要使用集装箱危险品船舶进行运输。目前,长江沿线成品油主要通过沿江原油管道输送到沿江各炼油厂加工后,再通过成品油管道供应给各沿江城市,长江油品水上运输仅仅是管道运输的补充。而从我国化工品物流格局来看,国内液体化工品水路运输呈网状分布,包括华东区域内、华北至华东、华北至华南、华南至华东、华东至华南、华南区域内六大主要流向,并通过内河水网进一步延伸到产品需求地。这六条主要流向占全国主要液体化工品水路运输总量的80%,其中华东区域内、华北至华东、华东至华南分别占44%、14%和12%。我国进口液体化工品的二级分拨在水运量中也占有一定的比例,二程运输以区域内由东向西为主,其中长江和珠江地区的二程分拨量比例较高。

根据长江海事局相关统计数据,2014年辖区内散装液体化学品运量为1159.8万t、散装液化气体为50.1万t、散装油类为2653.5万t。长江海事局辖区2010—2014年液体化学品吞吐量统计见表2-8。

长江海事局辖区2010—2014年液体化学品吞吐量统计(单位:万t) 表2-8

年份	散装液体化学品	包装液体化学品	吞吐量	进港	出港
2010	2450.9	67.36	2518.26	1479.18	1039.08
2011	2644.9	63.9	2708.8	1563.1	1145.7
2012	3084.9	61.4	3146.3	1916.9	1229.4
2013	3393.8	72.3	3466.1	2156.8	1309.3
2014	3863.4	75.7	3939.1	2322.6	1616.5

可见,长江水系液体化学品货运量较大。本书分别在长江上游、中游、下游选取重庆、武汉、南京进行危险化学品货运对比分析。

1. 重庆市港口

重庆市现有港区主要包括主城港区、涪陵港区、万州港区、江津港区、奉节港区、永川港区、合川港区和彭水港区。根据2012年统计数据显示,重庆共有水路运输泊位874个,完成货运量1.28亿t,其中危险化学品吞吐量880.36万t,同比增长5.9%。危险化学品中石油、天然气及制品吞吐量为321.47万t,同比增长1.44%;化工原料及制品吞吐量558.89万t,同比增长8.65%。危险化学品运输在重庆内河运输总量中占6.88%。其中,石油、天然气制品和化工原料及制品的运量份额分别为2.51%和4.37%。

在重庆8个港区中,主城区、涪陵、万州3个港区的货运泊位数占全市的51.1%,同时危险化学品泊位也主要分布在这三个港区。重庆现有15个危险化学品泊位,吞吐能力达719万t。危险化学品泊位数占泊位总数的1.3%左右,但危险化学品吞吐量却占总体的6.88%。由此可见,虽然重庆市危险化学品泊位个数少,但总吞吐量较大。

重庆市危险化学品码头情况见表2-9。

重庆市危险化学品码头情况　　表 2-9

序号	码头名称	业主名称	建设规模	
			泊位数（个）	吞吐能力（万 t）
1	川维（黄谦）化工码头	重庆川维物流有限公司	1	18
2	伏牛溪油库码头	中石油重庆销售分公司伏牛溪油库	1	80
3	朝阳河油库码头	中石油重庆销售分公司	1	50
4	柏树湾朝阳河码头	重庆英达事业有限公司	1	60
5	中航油码头	中航油重庆分公司	1	40
6	渝辉黄桷沱油码头	重庆中石化渝辉油料有限责任公司	1	30
7	伏牛溪华瑞油码头	重庆化工轻工有限公司	1	20
8	长寿冯家湾一期	重庆港务物流集团	1	10
9	涪陵乌江白涛码头	重庆天源化工有限公司	2	76
10	涪陵泽胜二沱码头	重庆泽胜集团船务有限公司	1	45
11	涪陵篷威石化码头	重庆市篷威石化有限责任公司	1	60
12	川维化工码头	重庆川维物流有限公司	2	70
13	6910 油库成品油进口泊位	中石油重庆万州销售分公司 6910 油库	1	32
14	其他水上加油站	—	—	128
总计			15	719

根据重庆海事局统计的重庆辖段常见运输危险品列表可知，在重庆辖区内运输的危险化学品主要属于《国际海运危险货物规则》（简称《国际危规》）中第二类、第三类、第四类、第五类和第八类，其中第三类易燃液体所占种类最多，如成品油、液态化工原料等（见表 2-10）。在成品油运输中，汽柴油运输主要内河航线为上海、江苏、安徽及湖北运至重庆；航空煤油运输主要内河航线为从南京运至重庆。液态化工原料中，甲醇、醋酸乙烯、醋酸乙酯等运输主要内河航线为长寿运至江苏；对二甲苯主要内河航线为上海运至重庆涪陵；其他液态化工原料主要运输内河航线为重庆运至湖北与江苏。

重庆市主要危险化学品货种分类情况　　表2-10

危化品种类	主要货种
第二类	2－二氯乙烷;压缩或液化气体
第三类	乙酸乙酯;乙醇(无水酒精);二异丁基酮;1－二氯乙烯;2－二氯乙烯;1－二氯乙烷;不饱和聚酯;树脂;油漆;丙烯酸正丁酯;正丙醇;甲基丙烯酸甲酯;吗啉;正丙醇;二级有机磷液态农药;汽油;苯;叔戊醇;胶粘剂;涂料;碳酸二乙酯;柴油;甲醇;醋酸乙烯;醋酸乙酯
第四类	火柴;2－重氮－1－萘酚－4－磺酸钠、2－重氮－1－萘酚－5－磺酸钠;萘;硅铁锂;硅铁铝;硝基萘;碳化钙
第五类	过氧化氢;对苯二酚;硝酸铵;硝酸锰;硝酸锶
第八类	烷基醇钠类;电池液;烧碱;氢氧化钠溶液;硝酸;硫酸;醋酸
第九类	气囊充气器、烟火的或气囊装置

在重庆危险化学品内河运输环节中,运输危险化学品的船舶主要有碳钢船和不锈钢船两种。2012年,重庆运行总船舶数量为131艘(见表2-11),随着沿江化工产业的发展,危险化学品运输船舶公司目前都在扩建船舶中,船舶数量将有较快增长。

重庆市危险化学品船舶吨位分布情况　　表2-11

载重吨数(t)	运力水平				平均运力(t)	平均船龄(年)
	数量(艘)	占比(%)	总载重吨数(万t)	占比(%)		
1000以下	13	9.92	0.6	1.53	475	10.62
1000(含)~2000	12	9.16	2	5.12	1703	9.50
2000(含)~3000	49	37.41	12.5	31.97	2563	6.27
3000(含)以上	57	43.51	24	61.38	4210	2.65
合计	131	100.00	39.1	100.00	2987	5.42

从表2-11中可知,由于近几年重庆市内河危险化学品运输快速发展,大吨位船舶均为近几年建成,数量比较多。同时,越是大吨位危险化学品船舶,船龄相对越小。

2. 武汉港

根据《武汉新港总体规划(修编)》,武汉新港规划建设面积

$9300km^2$,涉及武汉、鄂州、黄冈、咸宁四市沿江大部分区域,为湖北省武汉市城市圈人口和产业最为密集之地。规划区内长江段从赤壁至鄂州,岸线总长 435.3km,宜港岸线共 184.2km;汉江段岸线总长 112.9km,宜港岸线 27.5km。武汉新港拥有长江、汉水 27 个港区。通过重点建设 2 个集装箱港区、1 个新港商务区、5 座临港新城、12 个临港产业园,着力打造一个集现代航运物流、综合保税服务、临港产业开发为一体的现代港、国际港、枢纽港。区内重点发展现代物流服务、钢铁及深加工、建材、石油化工、汽车、装备制造、电子信息、食品加工、商贸服务、现代服务十大产业。

武汉港现有生产型泊位 230 个,年货物通过能力 8713 万吨级(其中集装箱通过能力 150 万 TEU,上平汽车通过能力 25 万辆)。2012 年,完成港口吞吐量 7632 万 t,主要货种中,金属矿石 2175 万 t、矿建材料 1608 万 t、钢铁 708 万 t、煤炭 503 万 t、危险化学品 244 万 t(其中石油、天然气及制品 194 万 t,化工原料及制品 50 万 t)、非金属矿石 826 万 t、水泥 81 万 t。危险化学品运量占总运量的 3.2%。石油及化工品主要集中在青山、白浒山、武湖、林四房、阳逻港区。其中,石油及化工品码头主要集中在青山、白浒山、阳逻、林四房港区(见图 2-3)。

随着武汉 80 万吨乙烯工程的投产运行,目前阳逻港区已成为长江水域武汉段最大的水上危险货物集散地。2014 年,阳逻港区的危险化学品吞吐量已突破 200 万 t。阳逻港地处武汉新港核心区,现有危险化学品码头 16 座,所运输产品涉及十余种易燃、易爆、腐蚀有毒危险化学品。阳逻港区年均危险化学品运输船舶进出港 4500 余艘次。

3. 南京港

南京位于长江中下游的经济核心区。长江南京段自上而下有 13 个港区,南岸从慈湖河口至大道河,设有铜井、板桥、下关、上元门、新生圩、栖霞、龙潭、马渡 8 个港区;北岸从驷马河口至仪征泗源沟,设有浦口、大厂、西坝、仪征、七坝5个港区。两岸共设有各类码头285个,其中万吨级泊位56个。2016年,南京港完成货物吞吐量2.24亿t,完成集装箱吞吐量310万TEU,是长江下游重要的水上交通运输枢纽。

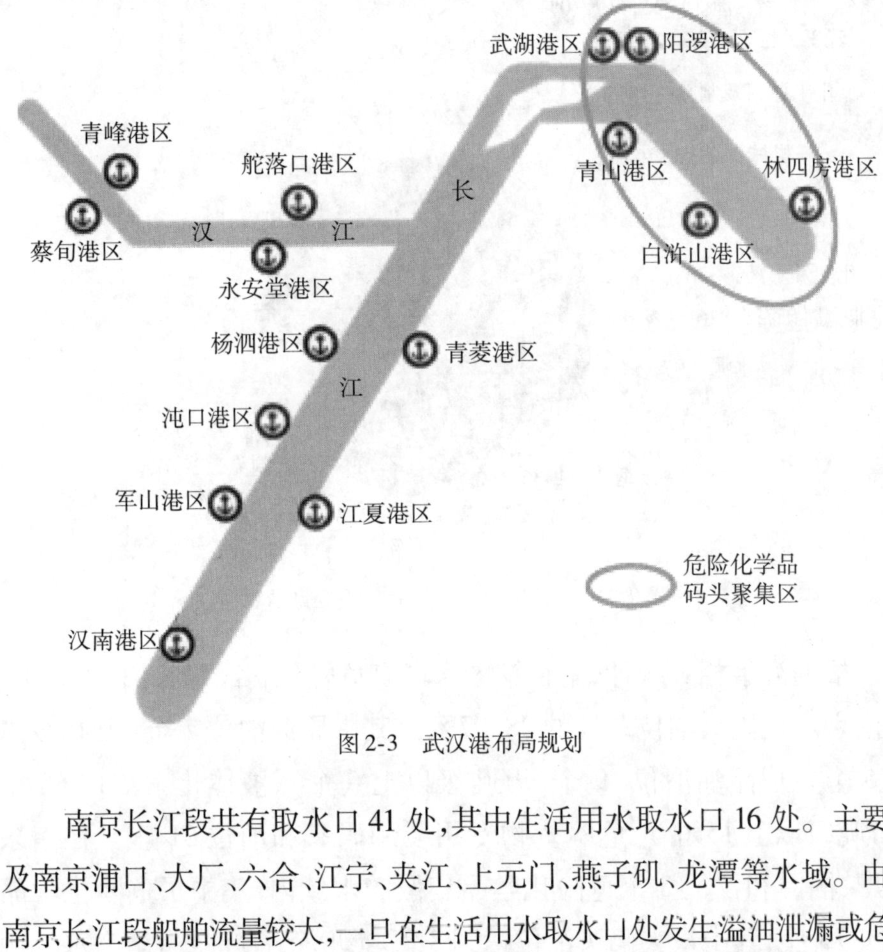

图2-3 武汉港布局规划

南京长江段共有取水口41处,其中生活用水取水口16处。主要涉及南京浦口、大厂、六合、江宁、夹江、上元门、燕子矶、龙潭等水域。由于南京长江段船舶流量较大,一旦在生活用水取水口处发生溢油泄漏或危险化学品火灾爆炸等事故,势必对南京沿岸乃至其下游水域造成一定的污染。

目前,南京港建设有6大工业园区,其中在南京长江中游至下游的大厂(大厂和新生圩港区)、栖霞(栖霞港区)、仪征(仪征和龙潭港区)3个水域,形成水上危险化学品生产、物流基地。据统计,2012年南京港石油、天然气及制品的吞吐量达2976万t,化工原料和制品的吞吐量达1377万t,涉及易燃易爆危化品190多种,危险化学品吞吐量约占南京长江水域货物年吞吐总量的21%(见图2-4)。南京港是我国重要的水上危险化学品运输、储存集散地之一。

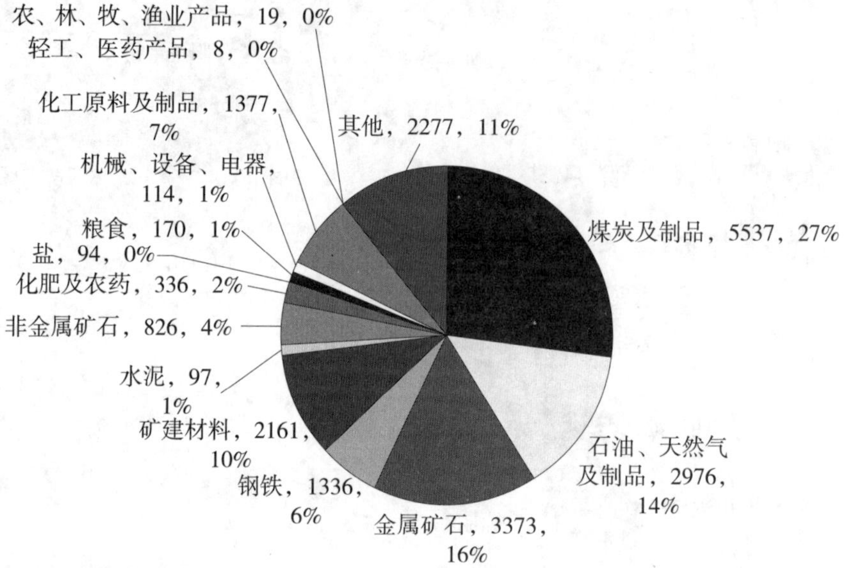

图2-4 南京港2012年分货类吞吐量示意

根据海事相关统计,南京辖区水域有危险化学品码头泊位80个,占南京水域码头泊位总量的28.07%。其中原油泊位7个(万吨级以上5个)、成品油泊位19个(万吨级以上6个)、液体化工泊位45个(万吨级以上15个)、危险货物专用装卸码头和泊位61座。在南京大厂、栖霞和仪征3个危险化学品集散的水域内,集中了危险化学品码头75座,其中最大码头泊位达到8万吨级,年吞吐量占南京水域危险货物总量的95%以上。南京辖区内危险货物运输主要有原油、汽油、柴油、重油等成品油和烷、酮、醇、苯类等液体化工品196种,涉及国内危规中的8类140种,其中大厂和新生圩港区87种、栖霞港区39种,仪征和龙潭港区77种。对二甲苯、邻二甲苯、硫酸、乙二醇、苯、烷基苯、苯乙烯、液碱等具有强化学反应,易燃烧、易爆炸及具有毒害性和高污染等特性的危险化学品，占进出南京港散装液体危险化学品总量的47.77%。一旦发生污染和泄漏，后果不堪设想。

截至2012年，在南京市交通局登记注册的水路运输企业有191家，其中从事危险化学品运输的企业有38家（长江34家、内河4家）。南京籍运输船舶1737艘，其中内河1201艘、沿海422艘、远洋114艘，运力净载质量为1399万t，在册油船240艘、化学品船33艘。

2012年到达南京港的货船总数达到11042艘，液体危险化学品专用运输船舶共计2953艘，其中油船1369艘（万吨级以下的1003艘、1万~5万吨级的366艘）；散装化学品船1357艘（万吨级以下的1233艘、1万~5万吨级的124艘）；液化气船227艘（见图2-5）。

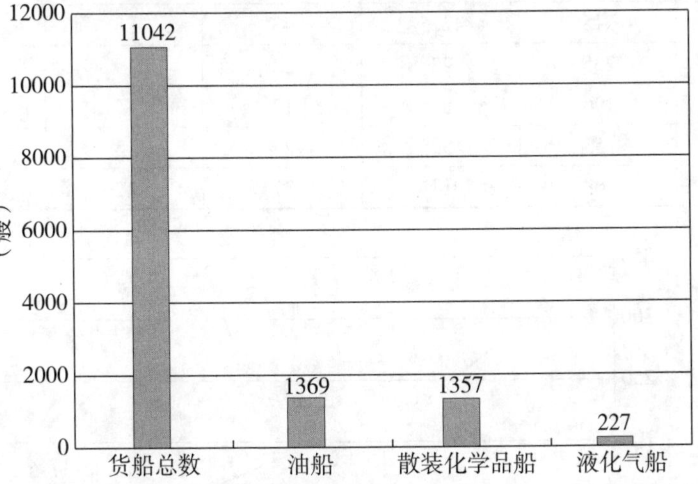

图2-5 南京辖区2012年进出港船舶种类

由重庆、武汉、南京的货运情况可以看出，长江上游和下游的年港口货物吞吐量较大，尤其是长江下游，通航条件优良、社会经济发达、工业园区密布，因此危险化学品运量也较大；长江中游受通航条件等方面因素影响，货运量相对较少。但随着国务院《关于依托黄金水道推动长江经济带发展的指导意见》的出台，明确提出加快武汉长江中游航运中心建设,武汉作为国家级航运中心的地位得以确立。因此,未来长江中游的航运将会得到长足发展,危险化学品运量也将相应地大幅提高。

2.3.4 长江船舶事故多发水域分析

根据长江海事局相关统计资料,2013 年长江海事局辖区内共发生事故 168 件,其中重大事故 6 件、大事故 7 件、一般等级事故 1 件、小事故及非运输船舶事故 154 件。与前些年相比,船舶交通事故数量总体呈下降趋势(见表 2-12 和图 2-6)。

2009—2013 年长江海事局辖区内船舶交通事故统计 表 2-12

年份	事故总数(件)	等级事故(件)	死亡失踪事故(件)	沉船事故(件)	直接经济损失(万元)
2009	315	42.5	43	28	3779.9
2010	235	22	28	19	1578
2011	196	18.5	12	13	1058
2012	153	15.5	27	13	1601.5
2013	168	14	37	12	1150

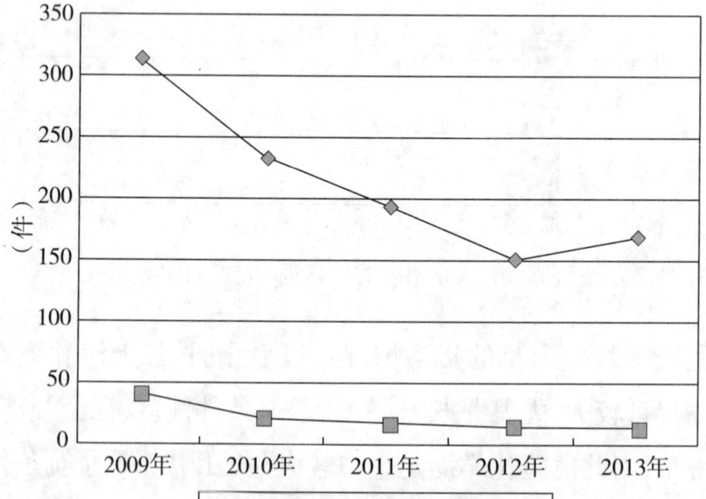

图 2-6 2009—2013 年长江海事局辖区内船舶事故数趋势

2013 年发生的 168 次船舶事故中,以碰撞事故为主,占总数的 39% ,其次是搁浅事故,占总数的 18% 。分区段分析,下游发生事故次数最多,占 59% ,中游和上游事故数分别占总数的 22.6% 和 18.4% 。上游航段事故险情多以触礁为主,中游部分航段碰撞、搁浅较为密集,水位变化对中游事故险情的发生影响较大。下游事故险情以碰撞为主,主要是由于航次密集。可见,长江海事局辖区下游是事故多发区域。具体见表 2-13。

2013 年长江海事局辖区内船舶事故原因统计 表 2-13

种类	碰撞	自沉	搁浅	触礁	触损	火灾	风灾	其他	合计
总数	66	15	30	18	16	8	4	11	168
上游	3	3	3	15	3	0	1	3	31
中游	11	3	14	2	1	4	0	3	38
下游	52	9	13	1	12	4	3	5	99

事故多发水域如下。

(1)上游 614 ~684km,重庆朝天门水域(油草沟 - 滑石滩):70km 的水域发生事故 10 件,属于三峡库区回水变动区,水位变化复杂。

(2)中游 537 ~547km,宜昌枝江水道:10km 水域发生事故 6 件(全部为搁浅),其中仅 537km 处(肖家堤拐)就发生 4 件。

(3)下游 919 ~945km,黄石戴家洲水道:26km 水域发生事故 14 件(79% 为碰撞)。

(4)下游 452 ~468km,芜湖白茆水道:16km 水域发生事故 8 件。

(5)下游 482 ~492km,芜湖黑沙洲水道:10km 水域发生事故 7 件。

2013 年,长江海事局辖区内有 24 艘危险品类船舶发生事故,其中油船 13 件、化学品类船 7 件、其他危险品类船 4 件。未发生一般以上等级事故。较 2012 年 31 艘、2011 年 34 艘、2010 年 30 艘、2009 年 34 艘大幅下降,下降幅度 20% ~30% 。特别是自 1991 年以来,首次实现全年辖区无危险品类船舶等级事故。

2.4 长江典型敏感资源情况

南京港是长江流域水陆联运和江海中转的枢纽港,其地理位置优越、集疏运条件齐备、港口资源良好、经济腹地广阔、人口众多,兼具内河港口与沿海港口的特性,并且化工园区较多,危险化学品运量较大,因此其周边的敏感资源情况具有一定的典型性,故本书选取南京港沿江敏感资源作为主要调研对象。

南京港辖区北岸自驷马河口、下至仪征泗源沟,全长110km;南岸上自慈湖河口、下至大道河,全长98km,自然岸线长208km。南京市沿江地区的生态功能保护区是南京港总体规划的环境敏感资源,沿江生态功能保护区的类型主要包括:饮用水源保护区、自然保护区、风景名胜区、森林公园、珍稀濒危动植物栖息地或特殊生境、鱼虾蟹贝类的产卵索饵育肥场、山林、洲滩与湿地及其他具有重要生态功能的区域等。南京市沿江地区有多处自然保护区、森林公园与风景名胜区,其面积为401km^2,占沿江地区总面积的8.5%。

2.4.1 取水口

主要针对长江南京段沿江水资源的利用情况开展相关调查,并重点对取水口进行了调查分类。通过实地调查,按照使用类型可以将该河段的取水口分为生活用水取水口和其他类取水口。生活用水取水口包含水厂取水口。实地调查水厂取水口位置见图2-7。鉴于生活用水和饮用水取水口具有重要的社会功能,一旦发生事故会造成严重的社会影响,所以将饮用水水源取水口敏感性等级排列在第一位。

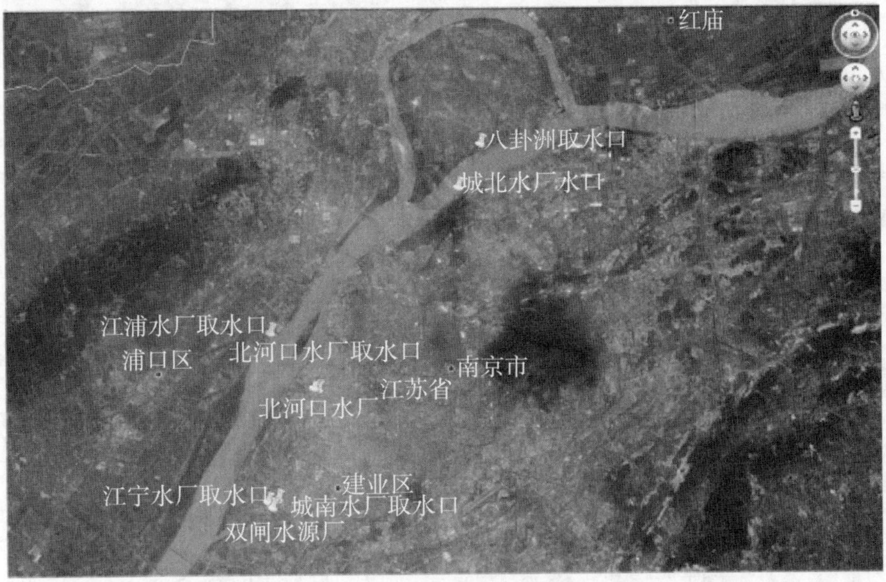

图 2-7　南京长江段部分生活取水口位置

本书研究实地考察主要调查了主城区及沿江几处水源地取水口，大部分集中在江南，少部分在江北，分布位置包括湿地保护区、已经停止行船的夹江河段及长江干流河段，大部分是江心潜水取水口。南京港辖区沿岸分布着大量工业区和码头，有泄漏风险，一旦发生事故，将会影响水源地水质，造成重大的生态损失和社会影响。

直接从地下或江河、湖泊取水的用水单位，必须向审批取水的机关提出取水申请，经审查批准，获得取水许可证或者其他形式的批准文件后方可取水。我国《水法》规定，取水许可证的适用范围很小，它只限于直接从地下或者江河湖泊取水的用户，而对于使用自来水和水库等供水工程的，在江河湖泊中行船、养鱼的，为家庭生活、畜禽饮用取水和其他少量取水的，不需要申请取水许可证。

1. 饮用水源保护区

按照《南京市水资源保护规划》要求，全市共设有 25 个饮用水源地保护区，11 个集中式饮用水源地。其中，8 个集中式饮用水源地位于长江南京段的水厂，提供全市90%以上的城乡居民生活、工业、农业、生态环境用水（见表2-14）。

南京市集中式饮用水源地一览　　表2-14

位置	饮用水水源保护区名称	区域范围	长度(km)
南岸	江宁子汇洲	烈山下游1.0km至小洲洲尾	8.6
	夹江	上夹江口至下夹江口整个水域	12.6
	燕子矶	大桥水厂取水口至南京化工厂取水口下游1km	8
	龙潭	九乡河入江口至七乡河入江口	6.96
	八卦洲	八卦洲洲头至长江二桥桥位上游1.5km	6
北岸	桥林	自袁家凹至下游4.0km	4
	八卦洲上坝	八卦洲洲头至上坝大厂取水口下游1.5km	9
	浦口	江浦自来水厂取水口向上游2km至取水口下游1km	3

2. 生活用水取水口

本次实地考察涉及的取水水源地保护区主要分布于主城区、江宁区、栖霞区、浦口区，即长江南京段的水厂取水口，均属于保护区范围，也与居民生活关系最密切。分布在长江两岸的8个水源保护区分别是：秦淮新河口至三汊河口的长江夹江水源地（江宁水厂取水口、双闸水源厂、城南水厂取水口、北河口水厂取水口），长度为13.2km；长江大桥至燕子矶的上元门燕子矶，长度为7.5km（上元门水厂、城北水厂取水口）；七里河入江口至长江大桥的江浦浦口水源地（浦口水厂取水口、浦口铁路水厂取水口），长度为7km；马汊河至岳子闸上坝（远古）水源地，长度为2km；马汊河至岳子闸的大厂水源地（大厂自来水厂取水口），长度为2km；铜井河口至江宁河口的子汇洲水源地（铜井水厂取水口、滨江水厂取水口），长度为13km；九乡河口至七乡河口的龙潭水源地，长度为6.96km；骚狗山至七里河口的桥林水源地，长度为23.7km。

3. 其他取水口

除了集中生活饮用水水源取水口外，还有一些其他取水口用于灌溉、旅游、企事业单位生活用水。这部分取水口多采用泵船取水的方式。

长江南京段沿江发展了数个开发区和产业园区，包括江宁滨江开发区、浦口经济技术开发区、南京经济技术开发区、栖霞经济开发区、南京化学工业园区、龙潭新城产业园区，这些园区中分布着钢厂、电厂、化肥厂、水泥厂、造纸厂等企业，如果油污污染取水口附近水质，将会造成工厂停产，甚至由此引发生产性事故。

4. 取水口的敏感性指标分析

这里所指的敏感性是相对于航行船舶泄漏的石油类物质或危险化学品。针对这类事件，从泄漏物对环境敏感资源的危害性、敏感资源接触泄漏物的可能性及发生危害后的治理难度等几方面分析环境敏感资源的敏感性。敏感资源所处地理位置和物理条件会影响敏感资源接触污染物的可能性和治理难度，如土壤组成颗粒越小处理难度越大，有遮蔽物时接触污染物的概率较小，岸线在工业开发区范围内特别是紧邻石化企业的，解除污染物的可能性大，敏感性高，有的取水口位于禁航的河段，这样的取水口受污染概率极低，敏感性相对也较低。还有一些其他条件影响敏感资源接触污染物的可能性，如上游是否有企业排污口或是否有装卸危险品的码头。

对于本次调查中涉及的生活用水取水口，从位置上分析，生活用水取水口中江宁水厂取水口、城南水厂取水口、中华门取水口、北河口水厂取水口均在大胜关水道上，南京60%以上的人口饮用水都取自这里。为了保证南京城市供水安全，自2005年3月1日起，长江南京段大胜关水道开始永久禁航，如果上游发生污染事件，也可以在水道的上口拦截，使危害降至最小。虽然这几个取水口社会功能非常重要，但接触船舶泄漏物的概率很低，所以其敏感性不排在最优先的位置。除了上述几个取水口，其他居民生活用水取水口均分布在长江干流河道岸线，如果在临近区域发生泄漏事故，接触污染物概率较大，其中属于居民饮用水集中取水水源的，如江宁铜井水厂取水口、江浦水厂取水口、城北水厂取水口、八卦洲取水口，其敏感性则排在首要位置。其他属于小范围供水、只给企业内部提供生活用水的取水口，敏感性排在集中取水口之后，而工业用水取水口的敏感性排在生活用水取水口之后。

取水口敏感性分类见表2-15。

取水口敏感性分类　　表2-15

分类	主类	SI	特　征	取水口名称
1	饮用水取水口	A	饮用水集中水源取水口，位于长江干流，发生船舶污染事故时易受污染，有较大的社会影响	八卦洲取水口、城北水厂取水口、江浦自来水厂取水口、上元门水厂取水口、江宁铜井水厂取水口
		A	饮用水集中水源取水口，位于禁航水道，发生船舶污染事故时不易受到污染	江宁水厂取水口、城南水厂取水口、北河口水厂取水口、城北水厂取水口
		B	非饮用水集中水源取水口，位于长江干流，发生船舶污染事故时易受污染，但影响范围较小	南京吉山铁矿取水口、电力段取水口等
2	其他取水口	B	石化、钢铁、航运、电力等大型企业的工业及生活用水取水口，位于长江主航道岸线，发生船舶污染事故时易受污染，会产生较大的经济损失	扬子石化公司水厂取水口、梅钢取水口、南京热电取水口、南京港股份有限公司仪征作业区取水口、南化公司取水口等
		C	其他企业取水口，主要是纯工业用水和冷却用水，虽然位于长江主航道，发生船舶污染事故时会受到污染，但不涉及饮用水，影响较小	华能金陵电厂二期工程取水口、南京化工程取水口等

2.4.2 生活景观岸线

南京滨江风光带是重要的敏感资源，也是南京市民休闲的重要场所。从鱼嘴公园到绿博园、万景园，长达数千米的沿江骑行道，连接长江众多历史遗迹和自然山林，使得南京的长江岸线与众不同，众多的取水口和保护区也分布其中。这些景观岸线区域水质一旦被污染，会造成严重的生态影响和社会影响。长江南京段主要生活景观岸线见表2-16，生活景观岸线分布见图2-8，其他自然岸线分布见图2-9。

长江南京段主要生活景观岸线 表2-16

序号	岸线名称	长度	位置(经纬度)	岸线类型
1	新济洲湿地公园岸线	约19km	东经118°29′15″~118°33′54″，北纬31°47′5″~31°53′24″	自然岸线
2	万景园岸线	1.7km	东经118°66′45″~118°68′43″，北纬31°97′26″~31°98′91″	人工岸线/自然岸线
3	绿博园岸线	3km	东经118°71′15″~118°72′07″，北纬32°00′80″~32°03′35″	人工岸线/自然岸线
4	青年文化公园	1.7km	东经118°70′42″~118°71′60″，北纬31°99′46″~32°00′88″	人工岸线
5	鱼嘴湿地公园岸线	3km	东经118°66′45″~118°68′43″，北纬31°97′26″~31°98′91″	人工岸线/自然岸线
6	秦淮河口岸线	约1.4km	东经118°73′70″~118°73′71″，北纬32°08′02″~32°08′50″	人工岸线
7	下关滨江商务岸线	约1.5km	东经118°73′71″~118°74′26″，北纬32°08′49″~32°09′81″	人工岸线
8	滨江风光沙滩广场岸线	约0.6km	东经118°70′26″~118°70′90″，北纬32°08′01″~32°08′27″	人工岸线
9	浦口滨江湿地公园	约3km	东经118°69′03″~118°70′35″，北纬32°06′68″~32°07′92″	人工岸线/自然岸线

续上表

序号	岸线名称	长度	位置(经纬度)	岸线类型
10	八卦洲湿地	沿江约5km	东经118°78′38″~118°82′62″,北纬32°14′31″~32°16′88″	自然岸线
11	幕燕滨江风光带	约3.7km	东经118°79′32″~118°82′50″,北纬32°13′27″~32°15′38″	人工岸线/自然岸线

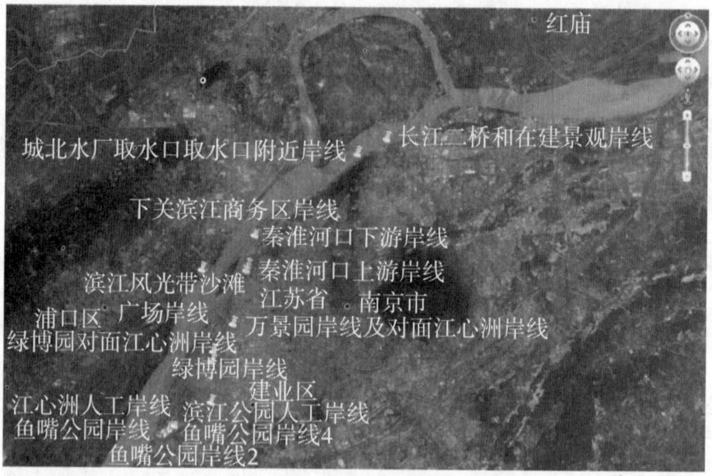

图2-8　生活景观岸线分布

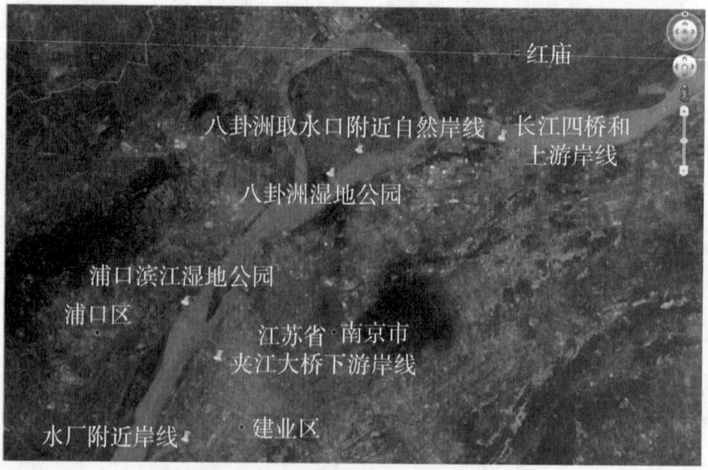

图2-9　其他自然岸线分布

2.4.3　珍稀濒危动物保护区、洄游区、洲滩与湿地

长江南京段主航道和次深航道是国家保护的珍稀濒危动物中华鲟、白鳍豚、白鲟、鲥鱼、江豚等的洄游区，鱼虾蟹贝类的产卵、索饵育肥场，包括八卦洲周围浅滩及附近水域、六合江段浅滩及附近水域、新济洲附近江段等。沿江地区湿地类型以长江洲滩湿地为主，除主要洲岛及洲滩外，位于浦口高旺河入江口至城南河入江口范围的湿地和六合划子口河入江口至滁河入江口范围的湿地自然生态状况较好且面积较大，分别达 1.3 万亩（1 亩约为 $667m^2$）与 2.2 万亩。浦口段湿地水域面积广阔，水生植被类型多样，并具有水蕨、虾须草等珍稀植物，鸟类等动物资源也较为丰富；六合段湿地为珍稀鱼类栖息、产卵和索饵地。作为南京长江段现存的两块最大面积的自然湿地，它们在沿江地区的生态系统中起着不可替代的重要作用。

根据《南京市沿江地区生态环境保护规划》，南京市规划保护的洲滩与湿地包括新生洲、新济洲、子汇洲、小洲、江心洲、潜洲、八卦洲全洲及洲边江滩等洲岛与滩地；浦口江段七里河入江口段湿地、六合滁河入江口段湿地，规划建成湿地自然保护区，进行抢救性保护，防止各类开发活动对其破坏。

2014 年 10 月 9 日，江苏省政府同意建立南京长江江豚自然保护区，保护区总面积 $86.92km^2$。长江江豚是全球唯一的江豚淡水亚种，在地球上生存超过 2500 万年，被誉为长江生态的“活化石”和“水中大熊猫”，属于中国二级保护动物，数量不足千头，主要分布在长江中下游干流以及洞庭湖和鄱阳湖等水域。此次新建的南京长江江豚省级自然保护区，覆盖南京长江段 90% 的地区，从长江大桥一直到江北与安徽交界处，这也是长江南京段最繁华的地区。

2.4.4 其他自然岸线

自然岸线指的是天然水体的岸线，基本维持过去自然形成的状态，很少或没有经过人为改造的岸线。自然岸线作为水体和陆地的接壤地带，生物种类具有丰富性和特殊性，如龟类在岸边产卵、鸟类筑巢、贝类和虾蟹的主要栖息地。自然岸线地带生态稳定性差，易受到外界干扰，而且一旦受到干扰，自然岸线的改变是永久的和不可逆的。所以，对自然岸线应原貌保持，尽量减少人为干扰。

本次调研过程中发现的几处自然岸线，基本没有经过人工建设，保持了原貌，树木较少，优势物种为芦苇一类的水生植物。南京长江水域内其他自然岸线见表2-17。

南京长江水域其他自然岸线 表2-17

编号	岸线名称	长度	位　置	底质	坡度
1	新洲岸线	5.5km	铜井河口对面新生洲	泥沙	缓
2	新民雨水泵站外岸线	6km	新济洲湿地码头附近	泥沙	缓
3	八卦洲湿地公园附近岸线	约10km	八卦洲沿江区域	泥沙	缓
4	水厂附近岸线	约1.5km	双闸水源厂附近	泥沙	缓
5	长江四桥及上游岸线	约3km	长江四桥上游	泥沙	缓

2.4.5 重要桥梁和过江隧道

长江南京段重要的桥梁包括南京长江大桥、南京长江第二大桥（由南、北汊大桥和南岸、八卦洲及北岸引线组成）、南京长江第三大桥、南京长江第四大桥、夹江大桥、江心洲夹江步行桥，过江隧道包括扬子江隧道、地铁3号线过江隧道、地铁10号线过江隧道。

对于此类敏感资源，一般的污染物不会对其造成大的危害，也不会影响其使用功能，但附近船舶运载易燃易爆的化学品造成火灾爆炸事故时，可能会影响这些交通设施的使用寿命或直接对其造成严重破坏，导致其使用功能丧失。不过此类事故发生概率较低，这类交通类建筑的分布范围也较窄，而且在水下较深的位置，所以其敏感性也较低。

2.4.6 敏感度指数

本次调研的内容是长江南京段的敏感资源及其分类。通过查阅资料和实地调研，将南京的敏感资源分为五类，其中取水口敏感性分为两大类五小类、生活景观分为两类，具体见表2-18。

南京长江水域敏感资源敏感指数 表2-18

编号	敏感资源分类	敏感资源名称	SI	PI	备注
1	取水口	饮用水及生活用水取水口	A	Ⅰ	
		其他取水口	B	Ⅱ	
2	生活景观岸线	位置位于航道上的景观岸线	B	Ⅱ	
		远离主航道或位于禁航河道的景观岸线	C	Ⅱ	
3	珍稀濒危动物洄游区、保护区、洲滩与湿地		A	Ⅲ	
4	其他自然岸线		C	Ⅲ	
5	重要桥梁和过江隧道		D	Ⅲ	

仅从南京一地的实地调研可见，长江沿线敏感资源众多，尤其是取水口关系到民生大计，一旦发生污染事故，后果不堪设想。因此，在发展内河航运的同时必须对内河环境加以保护，如果发生污染事故，那么事后的清污、赔偿、恢复工作就显得尤为重要。

2.5 部分内河事故索赔案例分析

2.5.1 "皖铜陵化038"号化学品船硫酸泄漏案

2006年8月3日，装载有220t浓度98%硫酸的"皖铜陵化038"号化学品船航行到京杭大运河余杭区清水港航段水域时，船体严重倾斜，船尾进水，很快沉没。船上装载硫酸尽数泄漏，周围河道上顿时白烟滚滚，弥漫着呛鼻的浓雾。海事部门紧急封闭航道10h，约300艘船舶滞留，造成重大损失。相关交通、海事、环保等部门投入大量人力、物力进行事故应急处理。

经杭州市地方海事局认定，"皖铜陵化038"号船舶管理人员违章指挥是这起硫酸泄漏污染事故的主要原因；发生事故船舶未申请检验，未按规定要求申报、签证是次要原因。"皖铜陵化038"号船舶所有人负本次事故全部责任，铜陵金江海运贸易有限责任公司负安全管理责任。同时，海事部门根据有关规定，做出对船舶所有人和经营人铜陵金江海运贸有限责任公司处以15万元罚款、吊销当班驾驶员船员适任证书的处罚决定。

2007年7月，被告许某、刘某因犯危险物品肇事罪各被判处3年有期徒刑。同时，许某赔偿给杭州市余杭区农业资产经营有限公司渔业直接经济损失11100元，赔偿杭州余杭獐山股份经济合作社渔业直接经济损失12100元，被告刘某以及附带民事诉讼被告人铜陵金江海运贸有限责任公司对直接经济赔偿承担连带赔偿责任。根据海事部门的认定及法院刑事判决书，余杭区环保局向余杭区人民法院提起民事诉讼，要求船主赔偿为中和硫酸所花各项费用，起诉船主许某，要求其赔偿为中和硫酸所花费用，其中防止污染水域扩大并清洁水面所用905t液碱价值57.51万元、装运船舶耗油费3920元、监测费用5280元，合计58.43万元。刘某、金江海运贸易有限责任公司负连带责任。

2.5.2 "鑫川8"轮于2013年5月12日触碰南京长江大桥沉没案

2013年5月11日，"鑫川8"轮从安徽铜陵装12500t石灰石于17:30开航，准备至目的地福建罗源港卸货。在该船行驶至南京长江大桥前3号灯浮前，为了躲避一条需要从8号桥洞穿过的小型船，由于大副操作错误，船身的左后侧同大桥的第六号桥墩擦碰。机舱内漏入大量江水，最终在距大桥下游约3.5km的地方船舶尾部严重下沉，船长在同船公司和海事局报告后，于12日4:30宣布弃船，全体船员在海事局派来的"海巡0808"和"海巡0817"帮助下转移至安全地带，同时由于机舱不断进水，船舶于5:00左右沉没。该船舶未沉没前机舱内存有60t重柴油和26t轻柴油。沉船现场有大量油污从沉船中溢出。该船舶购买了船舶污染责任保险，具体保险信息见表2-19。

"鑫川8"船舶污染责任保险具体信息 表2-19

船舶名称	鑫川8
船舶类型	散货船
建成年份	2009年12月28日
保险类别	船舶污染责任保险
每次事故责任限额	人民币850万元
免赔约定	每次事故绝对免赔额50000元

根据《关于审理船舶油污损害赔偿纠纷案件若干问题的规定》：

"第十九条　对油轮装载的非持久性燃油、非油轮装载的燃油造成油污损害的赔偿请求，适用海商法关于海事赔偿责任限制的规定。

同一海事事故造成前款规定的油污损害和海商法第二百零七条

规定的可以限制赔偿责任的其他损害，船舶所有人依照海商法第十一章的规定主张在同一赔偿限额内限制赔偿责任的，人民法院应予支持。”

《海商法》第二百一十条第二款：

“（二）关于非人身伤亡的赔偿请求

1. 总吨位300吨至500吨的船舶，赔偿限额为167000计算单位；

2. 总吨位超过500吨的船舶，500吨以下部分适用本项第1目的规定，500吨以上的部分，应当增加下列数额：

501吨至30000吨的部分，每吨增加167计算单位；

30001吨至70000吨的部分，每吨增加125计算单位；

超过70000吨的部分，每吨增加83计算单位。”

按照上述条文，“鑫川8”船舶责任限制为：

500总吨按167000计算单位；

500总吨以上按（8720－500）×167＝1372740计算单位。

合计：1539740计算单位。

《海商法》第二百一十条第二款约定：

“（五）不以船舶进行救助作业或者在被救船舶上进行救助作业的救助人，其责任限额按照总吨位为1500吨的船舶计算。

总吨位不满300吨的船舶，从事中华人民共和国港口之间的运输的船舶，以及从事沿海作业的船舶，其赔偿限额由国务院交通主管部门制定，报国务院批准后施行。”

根据《海商法》第二百七十七条：

“本法所称计算单位，是指国际货币基金组织规定的特别提款权；其人民币数额为法院判决之日、仲裁机构裁决之日或者当事人协议之日，按照国家外汇主管机关规定的国际货币基金组织的特别提款权对人民币的换算办法计算得出的人民币数额。”

通过一系列汇率折算，“鑫川8”船舶换算人民币为14298018.6932元。

根据《不满300总吨和沿海内河船赔偿限制规定》中的第四条的规定：

“第四条　从事中华人民共和国港口之间货物运输或者沿海作业的船舶，不满300总吨的，其海事赔偿限额依照本规定第三条规定的赔偿限额的50%计算；300总吨以上的，其海事赔偿限额依照《中华人民共和国海商法》第二百一十条第一款规定的赔偿限额的50%计算。”

计算得知，该轮的实际的赔偿责任限制数额应该为：

14298018.6932元×50% =7149009.3466元(约为715万元)

在本次事故中，“鑫川8”船舶2013年5月12日因碰撞南京长江大桥沉没，造成部分燃油泄漏，根据保险条款约定本次事故属于保险责任。

截至2013年5月23日，抽油工程开始之前，海事局协调事故后的清污防污工程，产生的防污、清污费用，评估金额为人民币8371525元。

上海打捞局受船东委托，进行水下探摸和抽油费用工程，合同金额为人民币4160000元，评估金额为4160000元。

沉船打捞之前的费用评估金额为8371525元+4160000元=12531525元。根据保险条款，沉船打捞之前的费用应由保险人负责赔付；保单约定赔偿责任限额为人民币8500000元，保单免赔额为人民币50000元。则赔付金额保险人应赔付金额为赔偿责任限额-免赔额=8500000元-50000元=8450000元。

经船东公司与清污单位协商，于2013年6月20日在南京海事局见证下签署污染事故调解协议书，协议金额为人民币8414700元，赔偿金由保险公司赔付。

2.5.3 马鞍山4·14“东方王子”轮与“江达169”轮碰撞事故

2008年4月14日凌晨3时10分左右，一艘从重庆往南京方向行驶、满载230余人的客轮“东方王子”，在航行至长江和县与马鞍山交汇处江心洲附近水域时，与一艘由上海驶往长沙，装有1090t柴油的油轮“江达169”相撞，“东方王子”轮船艏尖舱局部破损，“江达169”轮右舷中后部油舱受损，致使油轮部分货油泄漏。事故发生后，芜湖海事部门启动应急预案，对附近江面实行交通管制。因发生碰撞导致大量溢油顺流漂向南京长江水域，南京长江取水口面临威胁。在南京搜救中心的统一指挥下，南京海事局、环保局等单位密切配合，紧急调用近千米的围油栏对大胜关水道上口、北河口水厂、城北水厂、上元门水厂等关键区域进行有效防护，避免了溢油污染事故的扩大。

“东方王子”轮为客船，船籍港万州，1996年2月1日建造完工，船舶总长77m，船宽12.4m，型深4m，总吨位2236t，净吨位1342t，航线为重庆至上海黄浦江。“江达169”轮为油船，船籍港益阳，2001年8月26日建造完工，船舶总长56m，船宽9.5m，型深4m，总吨位536t，净吨位316t，航线为城陵矶至上海黄浦江、上海内河。两船均为内河船。

经查事故原因，分析如下。

(1)“东方王子”轮。

①占据上行通航分道。该轮在追越下行船过程中，驶入上行船舶通航分道并继续航行，尽管完成追越后采取了右微舵调向，但未能及时驶入下行船舶通航分道，以致与上行船“江达169”形成紧迫局面。

②疏忽瞭望。当班大副自发现“江达169”后,未采取有效措施对其动态保持连续观测;在双方相距约600m时,未对可能的碰撞危险做出充分判断,以致没有及时采取有效的避让措施避免碰撞事故。

③临危操作不当。当紧迫局面形成时,当班大副未与对方统一避让意图,在不明对方动态的情况下,盲目用左舵转向,没有利用良好的驾驶技术采取有效的避让措施。

④未使用安全航速。事发水域航道弯曲,事发时上行、下行船舶较多,当班大副接班后一直常车下行,直到紧迫危险形成时才紧急停车、倒车。

(2)“江达169”轮。

①疏忽瞭望。该轮在发现“一片亮光的船”后,未保持不间断的、全面的瞭望,错误判断其为航道外锚泊船并继续常车上行,以致两船形成紧迫局面。

②临危操作不当。紧迫危险形成后,当班驾驶员在与对方避让意图未统一的情况下,突然闪绿灯,右舵甩尾,没有采取停车、倒车等应急措施。

事故双方均负有一定责任,但由于两船均为内河船,没有购买船舶污染责任保险,因此没有对水质造成的污染进行赔偿。而海事部门针对100多万元的清污费用最后仅赔了10多万元,主要是围油栏布放的人工费。

2.5.4 小结

由上述3个案例可以看到,发生船舶污染事故后,只有“鑫川8”船舶因为投保才得到了较为充分的赔偿,凸显了内河船舶投保强制污染责任险的必要性。另外,船舶责任限额使用的是《海商法》加《不满300总吨和沿海内河船赔偿限制规定》的联合规定方式。这种制度设定本身较为复杂，并不适合内河船舶污染责任限额的长期使用。并且，这两个规定都较旧，同航运业发展及防污染管理制度体系的发展有一定的脱节，整体金额偏小。

从感性上来看，由于内河直接关系到沿岸居民和工农业用水水源及景观生态岸线，发生船舶事故的污染损害后果要比海上更为直接和严重。但由于内河污染损害索赔案例和资料较少，现有索赔的案例中索赔类型不充分、额度偏低的情况是存在的。因此，未来单一内河船舶污染事故损害索赔的额度、总索赔金额会有一个较快的增长，索赔类型也会有所增加。由于索赔案例较少，在精算领域较难形成可信的文件，应加强研究、加强数据积累。

3 国内外船舶污染损害赔偿机制分析

本章通过对国内外现有损害赔偿机制进行研究和分析,以及对不同赔偿机制的细节对比评价,寻找更适合中国内河情况的船舶污染损害赔偿机制模式和建立方法。

3.1 国际现行赔偿机制

国际海事组织(简称 IMO)制定了一系列有关船舶污染损害赔偿的国际公约,并建立了一套完整的船舶污染损害赔偿机制,船舶类型包括了油轮、非油轮,污染损害包括油类物质和其他有毒有害物质损害,赔偿范围包括由于油类和有毒有害物质泄漏引起的人身、财产、环境的损害。

3.1.1 由 CLC 公约和 FUND 公约构成的损害赔偿机制

1. 适用于运输油类的船舶油污损害赔偿的国际公约

国际海事组织(IMO)制定的有关运输油类船舶(主要指油轮)油污损害赔偿的公约有以下两个:

(1)《1969 年国际油污损害民事责任公约》(简称 CLC 公约)及其 1992 年议定书(简称 CLC1992);

(2)《1971 年国际油污损害赔偿基金公约》(简称 FUND 公约)及其 1992 年议定书(简称 FUND1992)。

2. 适用于非运输油类的船舶燃油污染损害赔偿的国际公约

CLC 公约、FUND 公约与《2001 年国际燃油污染损害民事责任公约》(简称 BUNKER 公约)等一起,构成一个较为完善的船舶污染损害民事责任与赔偿的国际法律制度体系,该机制已被国际上大多数国家接受和实施。到 2014 年年底,已有 134 个国家加入了 CLC 公约,114 个国家加入了 FUND 公约,几乎囊括了所有的石油进出口大国。我国已加入 CLC1992 公约和 FUND1992 公约(后者仅限于香港特别行政区)。

这个机制是限制赔偿责任的国际公约。一方面,CLC 公约和 FUND 公约通过逐步提高赔偿责任限额保护受害人的利益;另一方面,从"适当的赔偿"和公约制定的船舶责任限制表明,赔偿是有限度的,油轮船东都是在法定的限额内承担责任,除非船东丧失责任限制。随着世界经济的发展和索赔需求的提高,CLC 公约和 FUND 公约前后三次提高了赔偿限额,并建立第三层赔偿机制,已经基本能使污染事故受害人得到比较充分的赔偿。

3.1.2 美国的赔偿机制

美国是至今未加入 CLC 公约和 FUND 公约的少数国家之一。它通过制定《1990 年油污染法》(简称《油污法》),建立了国内船舶油污损害赔偿机制,成为世界上船东责任限制最高、基金补充最多的国家,其所规定的船东责任限额大大高于 CLC 公约,对非油轮和石油设施同样实行强制保险。

美国在溢油防备和反应方面,不仅制定了较为完善的法律法规、建立了国家反应体系,而且还建立科学的溢油预防、控制和应对策略系统(SPCC)、信息库系统、溢油鉴别系统以及污染损害赔偿体系。适用于美国可航行水域,包括专属经济区,溢出事故发生后,美国海岸警卫队有责任对发生在沿海水域、内河、湖区的溢出事故采取行动。《油污法》是美国油污责任法律体系的基石，它与其他联邦法律如《清洁水法》和各州法等共同构成了美国的油污责任法律体系。

根据《清洁水法》的规定，当非法溢油事件发生后，美国总统应承担油污清理责任。这一责任被进一步分配给美国环保局和海岸警卫队。如果政府在清理油污时支出了相关费用，则政府有权就该清理费用向责任人寻求赔偿。而《油污法》则有进一步规定，除了油污清理费用，责任人还需对各种油污损害进行赔偿。其中，第2702条(a)款首先规定了责任人对油污清理费用和油污损害的赔偿责任，(b)款则进一步规定了赔偿项目的具体类型，同时还就各种不同类型的损害的求偿主体作了分配。第2702条(b)款所规定的赔偿范围极其广泛，保证油污受害人获得充分合理的赔偿。其规定的赔偿项目主要包括财产损害、自然资源损害、财政收入的损失，以及提供额外的公共服务所带来的费用支出。

美国油污基金制度中应对海上溢油事故的资金，主要由国家的专项救助基金以及联邦和地方政府的补偿提供。联邦政府建立20亿美元的油污基金，各州政府也通过立法建立了1亿美元油污基金。油污基金的建立可以保证迅速调集溢油应急力量，及时采取措施进行清除，将溢油的污染损害控制在一定的范围内。

为使油污责任者有履行其赔偿责任的能力，《油污法》还规定采取强制保险办法。其1016节关于“财务责任”要求在美国境内航行的任何300总吨以上的船舶以及在专属经济区将石油转运、过驳到美国境内的任何船舶须取得包括保险证明在内的财务责任能力证明，它特别规定适用于任何船舶（包括油轮以外的船舶）提供足以保证满足该法责任限额的财务责任证明。美国海岸警备队于1994年公布了执行《油污法》的细则，要求到美国船舶除正常的国际文件手册外，还须强制性持有由美国海岸警卫队签发的油污经济责任保险证书 COFR，有效期一般为三年，该证书在加拿大和巴拿马同样有效。

2015 年美国根据消费价格指数的变化调整了美国《1990 年油污法》中船舶责任限制的金额，各类船舶都在原责任限制基础上平均提高了 10% 左右。其中，3000 总吨以上的单壳油轮，从“每总吨 3200 美元或 23496000 美元，以两者中赔偿限额高者为准”调整为“每总吨 3500 美元或 25845600 美元，以两者中赔偿限额高者为准”；3000 总吨以上的非单壳油轮，从“每总吨 2000 美元或 17088000 美元，以两者中赔偿限额高者为准”调整为“每总吨 2200 美元或 18796800 美元，以两者中赔偿限额高者为准”。

3.1.3 加拿大的赔偿机制

1971 年 6 月 30 日，加拿大政府在修订后的《航运法》中增加了关于溢油的条款，使其成为发达国家最早的有关溢油责任的国家级综合性法规。1987 年，加拿大成立国内船舶油污赔偿基金，并在建立了国内油污赔偿基金的情形下，又选择加入国际油污损害赔偿基金公约，形成国际基金和国内基金相结合的赔偿机制。通过这种机制，在国际油污基金赔偿的基础上，可通过国内基金弥补国际基金的不足。

加拿大的国内油污基金在考虑与国际公约统一协调的同时，也考虑到扩充国际油污基金未涵盖的部分，如将船舶溢油中船舶的范围由油轮扩大到所有船舶，并且具有先垫付清污费等溢油应急反应费用功能。发生溢油事故后，国内基金作为第一支付手段先行垫付应急清污费，弥补了国际油污损害赔偿基金事后补偿的缺憾，保障了清污行动的快速高效。

3.1.4 英国的赔偿机制

英国实行严格限制污染损害赔偿范围制度,在普通法下,油污受害方只能索赔油污造成的实际损失,对于海洋环境损害、捕捞损失以及旅游业等损失,均难以得到补偿。英国模式偏重于保护航运业利益。英国作为依靠海洋航运强盛并称霸一时的航运大国,为现代海商法律体系的发端国,现在尽管航运业已经不复当年的辉煌,但仍然是保险、海商法律服务等国际海事服务业的中心,在IMO中具有决定性的影响。但作为CLC公约和FUND公约的缔约国,英国也突破了国内法的限制,依照国际公约的赔偿规定。

在《1995年商船航运法》中,对于造成损害有责任的船舶所有人须对"与其利润损失、已采取的或将要采取的合理恢复措施的费用"进行赔偿,第一百五十七条规定:

"若作为某一事故的结果,船舶所有人因为船舶排放或溢出油类或造成环境污染威胁的,其责任限额为:

(1)不超过5000吨的船舶,为300万特别提款权;

(2)超过5000吨的船舶,以300万特别提款权为基数,超过5000吨部分每吨增加420特别提款权,但总额不得超过5970万特别提款权;"

除国际油污基金作为赔偿损害的补偿外,《1995年商船航运法》第一百六十三条还规定,进出英国水域2000t以上散装油类货物的任何船舶,都须携带船舶油污责任强制保险的有效证书,并且表明持有一份遵从责任公约第7条(船舶所有人责任保险)一切规定的有效的船舶保险合同或其他保证,否则,英国船舶不可以进入/离开英国或他国港口,或抵达/驶离位于英国或他国领海的目的港。

3.1.5 欧盟(以德国为主)

欧洲是国际河流湖泊制度的发源地,19 世纪初就宣布莱茵河、多瑙河等几条河流国际化。(欧洲联盟,简称欧盟)制定了《内河污染管理条例》,其内部各个国家也制定了相关的船舶防污染条例。以莱茵河为例,为防止莱茵河污染,1950 年沿河流域各国政府间组成了针对莱茵河管理重要的政府间组织——莱茵河防止污染委员会(后改名为"保护莱茵河国际管理委员会",即 ICPR)。

20 世纪 50 年代后,莱茵河流域各国签署了大量相关的多边协议,涉及船舶航行、分配用水、控制污染和保护流域生态资源等各方面。例如,1963 年签订了《保护莱茵河伯尔尼公约》,成为国际合作的法律基础;1976 年沿岸各国签署了《保护莱茵河不受化学污染公约》;1998 年,德国、法国、卢森堡、荷兰、瑞士以及欧盟签署了《莱茵河保护公约》。这些公约中均涉及防治航运带来的船舶污染问题,要求各签约国采取相关措施,避免船舶带来的漏油等有害物质的污染。公约规定采取"谁污染谁治理"的原则,肇事船舶必须承担污染事故造成的全部损失,费用的来源有两个渠道,一个是船舶所有人自负,一个是保险公司赔付。其中,德、法两国是 CLC 公约和 FUND 公约的成员国,实行的是船舶污染事故赔偿强制保险制度,并制定了污染特别保险单制度,其保险责任不仅针对油污也针对有毒、有害物质,有力地保障了清污及赔偿费用,以确保应急清污处置的顺利进行。只有由于现实原因无法让污染者承担责任时,才由社会公众承担。同时,公约规定内河船舶可以享受责任限制。谨慎的船东完全按照法律规定营运,一旦出现事故,可以享受责任限制;但是如果有严重过错或存在主观故意行为,这种责任限制的权利也会被剥夺。

3.1.6　对国际不同赔偿机制体系和模式的分析

概括起来,国际上的赔偿机制可以分为两大体系、三种模式。

1. 两大体系

两大体系是以 CLC 公约和 FUND 公约为代表的船东在一定责任限制下的赔偿体系和以美国为代表的船东几乎承担无限责任的赔偿体系。

美国基金更加偏向于保护环境和油污损害方利益。美国的赔偿机制无论从赔偿额度和赔偿范围上都高于国际赔偿的一般水平。

CLC 公约和 FUND 公约比较好地兼顾了船东、石油货主、受害人三方利益,在船东、石油货主有能力承担的情况下,不断提高赔偿限额,提高保险和基金的赔付能力,以保障受害人的利益。为了不影响航运业的发展,也不能使石油货主负担过重,对赔偿的范围和最高赔偿额度做出了一定的限制,主要是赔偿受害人的财产损失、经济损失,对环境损害的赔偿,只限于实际采取或行将采取的合理复原措施的费用。

2. 三种模式

两大赔偿体系在实际运作时,有三种不同的运作模式。

(1)依照 CLC 公约和 FUND 公约的运作模式。世界上大多数国家的船舶油污损害赔偿机制依照 CLC 公约和 FUND 公约的运作模式,采取船舶强制保险,并向国际油污基金交纳摊款。

(2)加拿大运作模式。加拿大是 CLC 公约和 FUND 公约的缔约国,但是其根据自己国情,同时建立了国内油污基金,两套机制并存,同时运作。发生油污事故后,国内基金先行赔付,再向国际油污基金申请索赔。国内基金用于对国际油污基金赔偿的补充,例如,在国际基金的赔偿限额之上再补充赔付,还可用于某些不属于国际油污基金赔偿范围内的赔偿。

加拿大模式在接受了国际油污基金模式的基础上，通过建立国内基金的方式，扩大基金赔偿范围和运行机制的灵活性，向环境和油污损害方倾斜，在一定程度上弥补了国际基金模式偏重于保护航运业的弱点。同时，与美国基金模式相比，在保护环境和油污损害方利益方面没有那么极端。

(3)美国运作模式。美国没有加入CLC公约和FUND公约，而是通过国内立法，以国内基金的形式建立单独的赔偿机制。美国根据自己的国情，采取的是高保险、高摊款、高赔偿的运作模式。美国的基金中还包括了对有毒有害物质的赔偿。

3.2 我国船舶污染损害赔偿机制现状

我国政府高度重视水域环境保护和船舶污染防治工作，并长期致力于建立“预防、应急、赔偿”三位一体的船舶溢油应急管理模式。我国现已加入了CLC公约、FUND公约(仅在香港特别行政区适用)以及BUNKER公约。在国内立法方面，目前我国还没有专门的关于船舶污染损害责任与赔偿的立法，相关规定散见于《民法通则》《环境保护法》《海洋环境保护法》《海商法》《防治船舶污染海洋环境管理条例》等法律法规的一些原则性规定中。我国在短期内不会将FUND1992公约的适用范围扩大至全国。

随着《防治船舶污染海洋环境管理条例》《船舶油污损害民事责任保险实施办法》以及《船舶油污损害赔偿基金征收使用管理办法》的出台，我国海洋船舶污染损害赔偿的相关制度已经逐渐形成，赔偿制度建设方面在较短时间内得到了完善。

其中，《防治船舶污染海洋环境管理条例》作为国务院条例颁布，对赔偿制度的建设提供了法律方面的依据。《船舶油污损害民事责任保险实施办法》以及《船舶油污损害赔偿基金征收使用管理办法》形成了船东和货主对船舶油污损害赔偿的两个层次。

目前,我国溢油污染损害赔偿的途径是:在船舶依法享受责任限制的基础上,要求强制投保油污责任险,为索赔方提供第一层次的保障;并通过建油污损害赔偿基金,通过向货主摊款的方式,为索赔方提供第二层次的保障。我国这种海上赔偿机制所采取的形式,与加拿大较为类似。但在适用范围、收费标准以及操作形式上又有自己的特点。

3.2.1 《防治船舶污染海洋环境管理条例》

《防治船舶污染海洋环境管理条例》(简称《条例》)自 2010 年 3 月 1 日起施行。其中,第七章《船舶污染事故损害赔偿》中对责任保险和赔偿基金均进行了较为详细的规定。

由第五十六条可以看出,《条例》明确了“船舶油污损害赔偿基金”缴纳方的适用范围是“海上运输的持久性油类物质货物的货物所有人或者代理人”,即内河运输不在基金征收范围内、“持久性油类物质货物”以外的其他货物不用缴纳基金。其次,《条例》指出基金的运作方式应采取“管理委员会”的方式,由行政机关和货主组成。

依据《条例》要求,中国船舶油污损害赔偿基金管理委员会 2015 年 6 月 18 日成立。该委员会由交通运输部、财政部、中国石油天然气集团公司、中国石油化工集团公司、中国海洋石油总公司等九家单位组成,负责处理船舶油污损害赔偿基金的具体赔偿或者补偿事务,并下设秘书处,负责具体赔偿、补偿等日常事务。同时,中国船舶油污损害理赔事务中心成立,负责开展船舶油污损害赔偿、补偿等具体日常事务以及相关的技术服务和支持保障工作。

3.2.2 CLC公约与BUNKER公约

我国于1999年加入了《1992年国际油污损害民事责任公约》(简称CLC1992公约),并于2009年生效。在航的运输船舶中,非运输油类的船舶(非油轮)的数量远多于油轮。目前,运输船舶大型化的趋势明显,大型货轮携带的燃油量也越来越多,许多大型货轮携带的燃油量都超过了2000t,甚至上万吨,非油轮燃油造成的重大溢油事故也不断增多。因此,IMO于2001年3月23日正式通过了《2001年国际船舶燃油污染损害民事责任公约》(BUNKER公约),并于2009年3月9日正式对我国生效。

作为国际公约,制定公约的出发点是为了解决各国拥有的共性问题,比如,针对国际航线船舶污染损害赔偿问题,而各国国内航线船舶的具体问题应由各国政府通过国内立法自行解决。这两种公约均采用强制保险的方式,不涉及基金体系,并且都设置了赔偿限额。

3.2.3 《船舶油污损害民事责任保险实施办法》

《船舶油污损害民事责任保险实施办法》(简称《实施办法》)的出台满足了CLC公约和BUNKER公约的实施要求,并与《条例》的相关内容高度一致,改变了过去国际航线和国内航线船舶实行双轨制的做法。

1.适用范围

在中华人民共和国管辖海域内航行的载运油类物质的船舶和1000总吨以上载运非油类物质的船舶。

使用范围包含CLC公约和BUNKER公约的规定内容,并将范围扩大。将国际航线船舶扩充至全部船舶,将2000吨级以上持久油类船舶扩展至所有油类船舶。这样就保证了载货油2000t以下的小油轮也有赔偿能力。

2. 责任归属

船舶所有人。

3. 保险限额

载运散装持久性油类物质的船舶额度与 CLC1992 公约相一致。载运非持久性油类物质的船舶，以及 1000 总吨以上载运非油类物质的船舶。额度如下：

(1)20 总吨以上、21 总吨以下的船舶，为 27500 特别提款权；

(2)21 总吨以上、300 总吨以下的船舶，除第(一)项所规定的数额外，每增加一吨，增加 500 特别提款权；

(3)300 总吨至 500 总吨的船舶，为 167000 特别提款权；

(4)501 总吨至 30000 总吨的船舶，除第(三)项所规定的数额外，每增加一吨，增加 167 特别提款权；

(5)30001 总吨至 70000 总吨的船舶，除第(四)项所规定的数额外，每增加一吨，增加 125 特别提款权；

(6)70001 总吨以上的船舶，除第(五)项所规定的数额外，每增加一吨，增加 83 特别提款权。

3.2.4 《船舶油污损害赔偿基金征收使用管理办法》

2012 年 5 月，财政部、交通运输部联合颁布实施了《船舶油污损害赔偿基金征收使用管理办法》(简称《管理办法》)。

该办法要求：凡在中华人民共和国管辖水域内接收从海上运输持久性油类物质(包括原油、燃料油、重柴油、润滑油等持久性烃类矿物油)的货物所有人或其代理人，应按照本办法规定缴纳船舶油污损害赔偿基金。

征收的额度：船舶油污损害赔偿基金征收标准为每吨持久性油

类物质0.3元。财政部可依据船舶油污损害赔偿需求、持久性油类物质的货物到港量以及积累的船舶油污损害赔偿基金规模等因素，并充分考虑货物所有人的承受能力，会同交通运输部确定、调整征收标准或者暂停征收。

征收的方式：船舶油污损害赔偿基金由交通运输部所属海事管理机构（以下简称海事管理机构）向货物所有人或其代理人征收。

3.2.5 《防治船舶污染内河水域环境管理规定（修订）》

为加强对防治船舶及其有关作业活动污染内河水域环境的监督管理，保护内河水域环境及资源，促进经济和社会的可持续发展，交通运输部起草了《防治船舶污染内河水域环境管理规定（修订）》，于2015年9月向社会公开征求意见，并于2015年12月15日经第25次部务会议通过，自2016年5月1日起施行。

《防治船舶污染内河水域环境管理规定（修订）》规定，船舶、设施或者有关作业单位造成内河水域环境污染损害的，应当依法承担污染损害赔偿费用。船舶污染事故引起的污染损害赔偿争议，当事人可以请求海事管理机构调解，也可以依法向仲裁机构申请仲裁或者向人民法院提起民事诉讼。

在正式发布的规定中取消了“征求意见稿”中的船舶污染责任保险一章，提出了具体办法另行制定。但提出了运输危险化学品船舶应当投保船舶污染损害责任保险或者取得财务担保。

3.3 环境污染强制保险的优点

当前，我国正处于环境污染事故的高发期。利用保险工具来参与环境污染事故处理，有利于分散企业经营风险，促使其快速恢复正常生产;有利于发挥保险机制的社会管理功能,利用费率杠杆机制促使企业加强环境风险管理,提升环境管理水平;有利于使受害人及时获得经济补偿,稳定社会经济秩序,减轻政府负担,促进政府职能转变;提高环境安全水平,增强企业抗风险能力,维护相关民众企业的合法权益,增强社会稳定行,取得多方共赢局面。

3.3.1 分散企业风险

由于环境污染事故具有影响范围广和损失数额巨大的特点,单一的企业很难承受。通过环境污染责任保险,可以将单个企业的风险转移给众多的投保企业,从而使环境污染造成的损害由社会承担,分散了单一企业的经营风险,也能够使企业可以迅速恢复正常的生产经营活动。高环境风险已是当前许多行业无法回避的事实问题,随着我国环境执法能力和水平的不断提高,企业因环保带来的经营风险也在不断增加,企业迫切需要通过合法的市场手段将责任风险转移出去或将其限制在最低程度内,以应对激烈的市场竞争。企业可以通过购买环境污染责任保险产品,用少量可确定性的支出(保费)减少未来的不确定性,保证生产、经营持续稳定进行,从而避免了侵权人因赔偿负担过重甚至破产而影响经济社会的发展,这也是环境污染责任保险能够得以应用和发展的主要原因。

众所周知,航运业是高风险行业。水上事故对航运业的打击是巨大的。连带污染责任也将对一个大型船舶运输企业造成巨大影响,更不用说中小型船舶运输企业。例如,因“塔斯曼海”轮油原油泄漏污染渤海湾水域,2004 年天津、河北等地渔民协会等诉讼主体索赔共计 1.7 亿元。2004 年 12 月 30 日,天津海事法院做出一审判决,判令英费尼特航运公司和伦敦汽船船东互保协会连带赔偿原告天津市海洋局海洋生态损失近千万元(其中海洋环境容量损失 750.58 万元,调查、监测、评估费及生物修复研究经费245.23万元，共计995.81万元）。

2007年5月12日，烟台海域发生圣文森特籍"金盛"轮和韩国籍"金玫瑰"轮船舶碰撞溢油事故。山东省海洋与渔业厅起诉"金盛"轮船主金盛船务有限公司，要求赔偿国家渔业资源损失、海洋生态损失、调查监测费用及利息。青岛海事法院全部支持了国家海洋局北海环境监测中心、农业部黄渤海区渔业生态环境监测中心评估报告认定的海洋生态和渔业资源损失费用，其中，此次溢油事故对海洋生态造成的损害达898.1644万元，对天然渔业资源造成的损害达722.32万元。在此基础上，法院判决"金盛"轮船主承担相应的赔付责任。

内河航运企业一般规模较小，事故风险承担能力较弱。污染责任险的投保虽然会降低一部分利润，但对航运业健康稳步发展是有好处的。

3.3.2　有效地保护受害者

由于我国权力构架和历史沿袭等原因，目前对于环境污染造成的人身财产损害的赔偿，国家行政机构和主管部门承担了很大的协调甚至索赔责任。利用环境污染责任保险来参与环境污染事故的处理，有利于使受害人及时获得经济补偿，稳定社会秩序，减轻政府负担，还可以促进政府职能的转变。

现阶段环境污染赔偿制度十分不完善，污染事故罚款总额及污染事故赔偿总额远远不足以偿还事故造成的直接及间接经济损失，国家和社会承担了大部分环境危害及相应的经济损失。通过环境污染责任保险等社会化途径，能有效分散企业风险，大大减少环境污染事故对企业经营活动的影响，同时也履行了企业的环境责任，政府在处理环境事故时也减少环境恢复和救济等方面的支出。从长期看，环境污染责任保险是完善我国环境污染损失赔偿制度的重要途径。

对于环境安全，政府部门主要承担首要责任，环保主管部门主要承担监管责任，企业主要承担主体责任。通过环境污染责任保险，政府部门可以提高环境安全的保障水平，出险后由原来的赔偿者转变为协调者，把环境风险“大事化小、小事化了”，促进了社会的和谐与稳定；而环保部门相当于免费多了一支监管队伍，可以换个角度看待企业环保，也为自己增加了一道防火墙；企业可以通过投保环境污染责任保险，得到专家的现场服务，排查自身的环境风险隐患，降低环境风险；而保险公司通过环境污染责任保险可以尽到自己的社会责任，组织社会资源(专家团队)，创新社会管理模式，改善自身形象，同时，该险种可能成为一个新的经济增长点。

3.3.3 发挥保险的社会管理功能

保险产品和保险公司的职能之一就包括社会管理功能，这在环境污染责任保险上体现得尤为突出。保险公司可以利用环境污染责任保险的费率杠杆机制来促使企业加强环境风险管理，提升环境管理水平，同时也能够提高企业的环境保护意识。

3.3.4 促进对高风险企业转移和淘汰

在不断提高政府环境事故预防管理能力的基础上，必须充分利用社会各层面的监管力量，参与到环境事故预防体系中，有效地避免环境事故的发生。内河船舶运输公司中有许多属于中小型企业，甚至有很多属于单船公司和夫妻船。这些企业普遍存在管理不正规、相关安全防污染措施执行不到位、风险较大的特点。强制保险可以增加这些企业的安全投入成本，降低其从事危险化学品运输等高危行业的意愿,提高危险化学品运输行业的门槛。通过环境污染责任保险制度,保险公司出于减少自身经营风险的目的,会积极加强对投保企业的监督,这是对行政监管的重要补充,并将会为监管部门等方面提供更为全面、翔实的信息,有利于提高预防环境事故的能力。

3.4 内河保险机制适用性

从运作模式上,加拿大的运作模式更值得借鉴。一方面,我国已经接受了 CLC1992 公约和 FUND1992 公约(仅限于香港特别行政区),我国的赔偿机制靠近 CLC 公约和 FUND 公约体系具有先天优势,基本建立了海上船舶污染损害赔偿机制。但考虑到我国国情和内河船舶的特殊性,因此有必要建立一套有针对性的内河船舶污染赔偿机制。

3.4.1 内河保险机制的建立是法律法规的要求

《危险化学品安全管理条例》(简称《危化条例》)要求:"通过内河运输危险化学品的船舶,其所有人或者经营人应当取得船舶污染损害责任保险证书或者财务担保证明。"依据《危化条例》对危险化学品的定义以及《危险化学品目录(2015 版)》,包括持久性油类(原油、燃料油等)和化学品,并要求内河运输的船舶强制保险。为了达到《危化条例》的要求,内河运输危险化学品的船舶需要参加船舶污染损害责任保险或者进行财务担保,参保人为船舶所有人或者经营人。

3.4.2 内河保险机制的建立是内河环境特点的要求

内河的环境特点是指内河的生态、社会特征,以及内河法律环境和制度建设特点。这些特点决定了采用内河保险机制是内河船舶污染损害赔偿建设的必要内容。

(1)内河的环境敏感性一般较海洋强。内河水质经常关系到饮用水等重要使用类型。一旦发生污染将造成较为严重的后果。

(2)沿海的污染事故涉及海事、海洋、渔业、交通等部门,而内河的污染事故涉及海事、水利、渔业、交通和环保等部门,涉及的管理机构不同。故在研究和制定赔偿机制的同时,应多向这些部门调研,征求意见,取得支持。

3.4.3 内河保险机制与沿海船舶污染赔偿制度目前应是两套机制

如果将内河船舶损害赔偿机制作为海上相关制度的补充,则只需对现有规章制度进行细节的调整或适用条件的改变,结果是可以加快现有制度在内河的覆盖和推进。目前,由于内河和海上的上位法不同,这种海上赔偿机制延伸的做法不能采用。今后,通过国内法律法规的完善,例如《海商法》的修改和对《条例》与《管理办法》的补充和完善,再通过内河船舶防污染法律法规的完善,可形成既包括油污损害赔偿又包括其他有毒、有害物质污染损害赔偿,既包括沿海船舶污染损害赔偿又包括内河船舶污染损害赔偿的一套完整的中国船舶污染损害赔偿机制。

本书认为,鉴于内河航运水平和环境特征以及上位法现状等原因,目前内河污染损害赔偿制度尚不具备完全照搬沿海制度的可能。近期,为了满足《危化条例》和内河船舶风险防范的要求,可以在内河先建立一套可行的赔偿机制,经过一段时间的运行提出修改方案,在推动上层法制建设的基础上考虑沿海内河统一的问题。

3.4.4 商业保险无法满足内河污染责任保险的建立目的

在传统商业保险投保模式下,船东出于自身利益考虑而忽视污染损害风险,在投保污染损害民事责任保险上主动意愿较低。即使参加了商业保险,但由于保险限额属于双方商定,可能存在额度较低不满足事故索赔需求的现象。商业保险市场依靠自由的商业行为进行调节。一旦污染损害赔偿保险难以实现商业保险的盈利目标,商业保险公司有可能拒绝该项业务,或者将该项业务作为主要保险的附属条款,使得保险的公益效果较低。另外,保险产品的价格和承保条件,受保险公司操控,保险公司可能利用此优势获利而使船东处于被动的市场地位,这将严重影响保险保障的稳定性。此外,目前船舶污染责任保险承保公司也存在经营不规范的情况,捆绑销售、产品责任不全面、费率厘定偏高、理赔无保障等均使船东利益无法得到应有的保障。

3.4.5 需要尽快建立内河船舶污染损害强制保险制度

为满足法律法规的要求,避免内河船舶污染事故影响公众利益和内河水域环境,并增强企业的社会责任,应建立内河船舶污染损害民事责任强制保险制度。强制保险制度不仅有利于事故受害人获得及时、有效的经济保障,而且有助于统一污染损害民事责任保险产品,合理厘定保险费率,减轻船东的经济负担,避免因市场失灵影响保险保障,从而能够安全、稳定地转移船东的责任风险,为内河船舶的征程运行提供良好的保障。

在《船舶油污损害民事责任保险实施办法》出台之前我国沿海船舶投保率很低,随着该办法的出台和全国沿海船舶油污损害民事责任保险统保示范项目的启动,在我国注册的所有1000总吨以上的沿海船舶都必须投保油污责任险,这极大地保障了沿海污染事故处理资金和清污工作效率。同样地,把内河船舶污染责任保险纳入强制性保险体系中,可以更为有力地依法指导和规范内河船舶污染责任保险工作,全面完善我国船舶污染事故损害赔偿机制。因此,尽早制定、出台完整的、科学的、全国性的、强制性的内河船舶污染损害民事责任保险相关规定是推行内河船舶污染责任保险的重要工作。

3.5 内河船舶污染损害责任的分散

3.5.1 内河船舶污染损害赔偿责任限制制度

船舶污染事故的责任限制是指:在发生溢油或化学品泄漏损害事故时,依照法律的规定,将作为责任主体的船舶所有人、经营人和承租人等的赔偿责任限制在一定范围内的法律制度。责任限制制度的建立具有两方面的影响。一是有利于航运业发展。内河航运相对于沿海运输同样具有高风险的特点,且内河航运主体赔偿能力相对较低,对于很多航运企业来讲,一次赔偿就足以使企业的经营运转停滞。从保护内河航运业的角度上分析,责任限制制度有其存在的必要性。二是存在对受害损失赔偿不充分的可能性,这会导致受害人的利益难以得到充分保障。国际油污损害赔偿制度引入了强制责任保险制度和赔偿基金制度来分散责任风险,以期在船东和货主间建立起共同责任承担机制,这一做法已经被多数国家采纳。

对于船舶污染的责任限制制度,国内持肯定说和否定说的学者观点不一。笔者认为,针对内河航运的特殊情况,实施责任限制制度是必要的,但是具体的实施方法及对应的制度保障也是要认真研究和探讨的,比如责任限制适用的领域、责任限制的赔偿限额等。本书将在下文中做进一步的阐述。

3.5.2 内河船舶污染强制责任保险制度

所谓强制保险是指:根据国家颁布的有关法律和法规,凡是在规定范围内的单位或个人,不管愿意与否都必须参加的保险。我国《保险法》规定,除法律、行政法规规定必须保险的以外,保险公司和其他任何单位不得强制他人订立保险合同。强制保险以牺牲契约自由为代价,体现了国家的宏观调控,因此必须经过科学论证。

我国《海洋环境保护法》第 66 条规定:"国家完善并实施船舶油污损害民事赔偿责任制度,按照船舶油污损害赔偿责任由船东和货主共同承担风险的原则,建立船舶油污保险、油污损害赔偿基金制度。"

新的《危险化学品安全管理条例》规定:"通过内河运输危险化学品的船舶,其所有人或者经营人应当取得船舶污染损害责任保险证书或者财务担保证明。"这对我国内河危险化学品运输船舶的污染责任保险提出了强制性要求。本书将在下文中做进一步的阐述。

3.5.3 内河船舶污染损害赔偿基金制度

油污基金制度上,我国尚未加入 FUND 公约,很大一部分原因是从摊款计算角度而言暂时还不适合加入 FUND 公约。根据《预算法》和《基金会管理条例》等有关行政法规和规章,我国建立了一些全国性和地方性环境保护基金会,但是主要是用于鼓励与环境保护方面有关的学术科研活动,对于船舶污染造成的环境损害赔偿,目前有新《海洋环境保护法》和《船舶油污损害赔偿基金征收和使用管理办法》出台。海上的货油已经交付了基金,而只在内河航行的船舶所装的油大部分都是经海上来的,属于转运性质,摊款油只需要缴纳一次,理论上内河货油船舶事故可向基金进行索赔。但目前基金只针对油类污染,不包括其他有毒有害物质污染。

在有毒、有害物质中,散装液体化学品的污染危害风险最为严重。建立内河船舶污染损害赔偿机制,可以先要求载运散装液体化学品的船舶进行污染损害保险，以后再逐步扩大到其他载运有毒、有害物质的船舶。

3.5.4 采取的方式

内河油污损害赔偿机制的建立，就采取的方式方面涉及3个问题。

1. 是单独设置还是作为海上制度的补充

如作为海上相关制度的补充内容，只需进行细节的调整或适用条件的改变，可以加快机制的建设和推进速度。但同样涉及本节提到的前两个问题，上位法和权力部门之间的关系问题需要解决。可以通过国内法律法规的完善和内河船舶防污染法律法规的完善，形成既包括油污损害赔偿，又包括其他有毒有害物质污染损害赔偿；既包括沿海船舶污染损害赔偿，又包括内河船舶污染损害赔偿的一套完整的中国船舶污染损害赔偿机制。

通过调研认为，鉴于内河航运水平和环境特征以及上位法条件等原因，目前内河污染损害赔偿制度尚不具备完全照搬沿海制度的可能。为了满足《危化条例》的要求，可以在内河先建立一套可行的赔偿机制，运行一段时间后再考虑沿海内河统一的问题。

2. 内河赔偿机制采取的方式

首先，如研究结果是单独设置内河赔偿机制，那么是采用基金还是保险的方式？其次，如果两种机制均建立的话，那么怎么均衡保险和基金两种机制中船东和货主的利益？尤其是面对中国内河事故量大、污染事故规模较小的情况下，怎么合理设置保险和基金的赔偿数额？

这些问题需要对内河航运业和内河保险业务发展水平、内河船舶类型及监管分类、内河船舶运输油类货物的情况以及基金征收成本等进行调查分析。

基金的建设牵扯部门、法规太多,是需要系统推动的法律和政策的顶层设计问题。保险制度有上位法支撑,可以快速建立起来,形成一定的规模优势。故建议先行建立内河船舶污染保险制度。

3. 保险和赔偿基金的范围及赔偿水平

内河赔偿机制的涉及范围,是参照中国海上保险(1000 吨级以上的货船)和基金(持久性和非持久性油类船舶),还是提高覆盖率到所有类型的船舶的货油及其他有毒有害类物质的货船,以提高赔偿机制的覆盖范围?如果覆盖率得到提高,赔偿水平(赔偿上限或标准)是否与海上船舶类似,还是可以依据内河社会经济环境进行降低?

CLC1992 公约的适用范围见图 3-1。

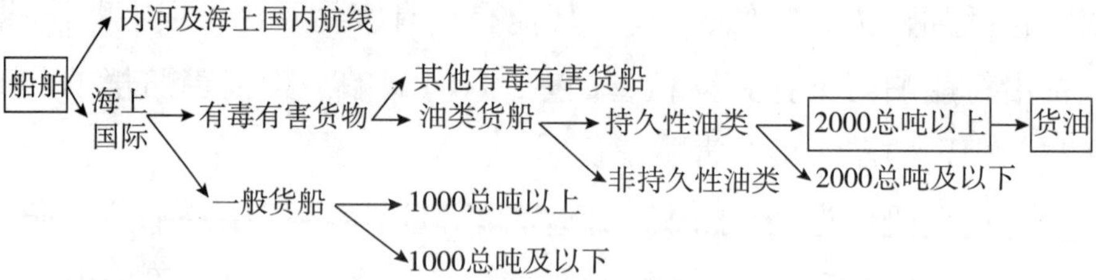

图 3-1 CLC1992 公约的适用范围

注:方框内代表需要船东强制保险的。

燃油公约的适用范围见图 3-2。

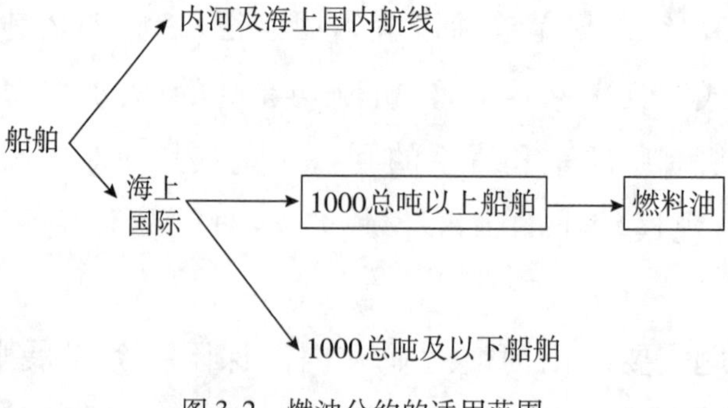

图 3-2 燃油公约的适用范围

注:方框内代表需要船东强制保险的。

《船舶油污损害民事责任保险实施办法》的适用范围见图3-3。

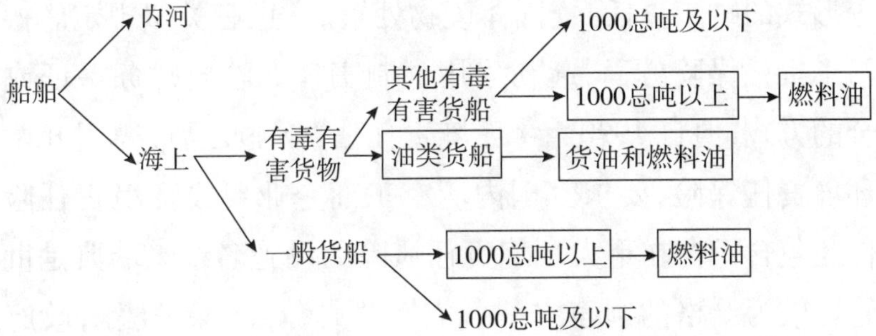

图3-3 《船舶油污损害民事责任保险实施办法》的适用范围

注:方框内代表需要船东强制保险的。

《船舶油污损害赔偿基金征收使用管理办法》的适用范围见图3-4。

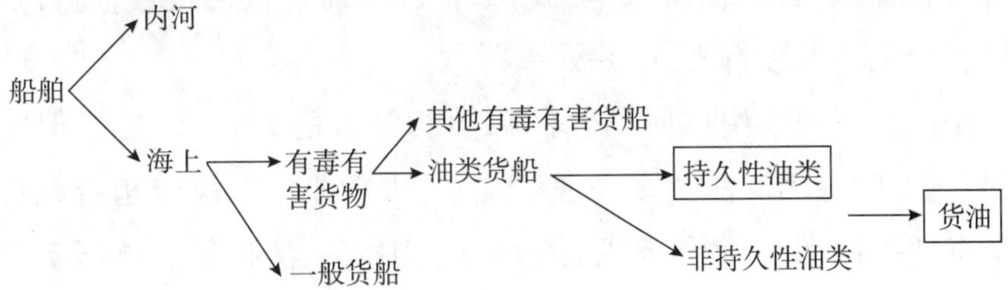

图3-4 《船舶油污损害赔偿基金征收使用管理办法》的适用范围

注:方框内代表需要船东强制保险的。

3.6 责任保险制度建设的问题

3.6.1 强制保险的适用性

美国、德国和瑞典等属于实行强制保险的国家。美国针对有毒物质和废弃物处理所可能引起的损害责任,实行强制保险。如美国1970年《清洁水法》规定,所有进入美国的船只必须投保责任保险,用以支付可能造成的水污染。1980年的《综合性环境响应、赔偿和责任法》规定,危险物质运载工具的所有人或经营人,都必须建立和保持保险等形式的财产责任。《固体废物处置法》也有类似规定。德国在环境污染责任保险方面,起初采用强制责任保险与财务保证或担保相结合的方式,但自1990年《环境责任法》实施之后,德国开始强制实行环境责任保险,要求其国内所有工商企业要投环境责任险。该法附件还包含了存在重大环境责任风险的设施名录。瑞典是世界上环境管理较为严格的国家之一。依据瑞典《环境保护法》,政府或者政府指定的机构应当按照批准的条件制定环境损害保险单,从事需要许可证和需要审批的活动的人,应按照政府或政府指定机构制定的价目表按年度缴纳保险费;缴纳通知发出30天后,义务人仍未缴纳环境损害保险费的,保险人应当将该情况向监督机构报告,监督机构可以责令义务人履行义务,并处以罚款。

法国和英国采用自愿与强制保险相结合的方式,以自愿保险为主、强制保险为辅。法国在一般情况下,由企业自主决定是否就环境污染责任投保;但法律规定必须投保的,则应依法投保。英国实行的强制环境责任保险有:油污损害责任保险、核反应堆事故责任保险。比如,1965年的《核装置法》要求,安装者必须负责最低限额为500万英镑的核责任保险。

依据我国相关法规,应在内河推行强制船舶污染保险。但内河船舶污染强制保险只针对内河运输散装液体危险化学品的船舶;由于种种原因,其他船舶的污染风险没有考虑纳入其中。

3.6.2 责任限额的设定

由于被保险人的状况千差万别,保险人要对每一承保标的进行实地调查和评估,单独确定保险费率以降低风险。同时,保险人为了自己的利益,总是设定一定的保险金额,以限定自己的最高赔偿责任。在法定强制保险中,也往往有赔付限额的规定。

一般而言,责任保险人依照保险单约定给付赔偿限额,主要有四种形式:保险期间的累积最高赔偿限额、每次事故赔偿限额、每次事故每人赔偿限额、被保险人的自行负担的赔偿额。在保险公司因为环境污染损害不断扩大而面临巨额赔偿压力时,除采取限制保险责任范围措施之外,还会确定相应的保险赔偿范围,以降低自己的风险。各国关于环境责任保险一般采用有限赔偿制,即在保险金额范围内予以赔付,不可能赔偿被保险人致人损害的全部赔偿责任。

美国的环境责任保险限额主要分为两类:环境损害责任保险和自有场地治理责任保险。前者以约定的限额为基础,承担被保险人因其污染环境造成邻近土地上的任何第三人的损失赔偿责任;后者以约定的限额为基础,承担被保险人因其污染自有或者使用的场地而依法支出的治理费用。

3.6.3 责任保险的标准建设

应建立起对保险费率的科学评估规范,评估结果应该能够体现船舶污染事故风险。

目前,环境污染责任保险的推广还面临着许多技术性问题,国家尚未制定专业的环境风险评估方法、污染损害认定和赔偿标准等。由于缺乏环境风险评估方法,环境风险的识别和量化难度很大,而且行业和企业间的差异也比较大,保险公司很难根据企业的环境风险进行产品定价。此外,由于缺乏国家环境污染损害认定和赔偿标准,保险公司从保护自身利益的角度出发制定赔偿条款,导致大多保险产品出现赔偿范围窄、免责条款过多等问题,削弱了它的公益性,盈利性的特征过于明显。因此,相关环保标准的缺失,已经影响到环境污染责任保险的推广程度和政策目标。

3.7 小结

(1)内河保险机制的建立是法律法规的要求,《危险化学品安全管理条例》《防治船舶污染内河水域环境管理规定》均对为内河运输危险化学品船舶提出了参保要求;同时,内河保险机制的建立是内河环境特点的要求。

(2)由于内河和海上的上位法不同,内河保险机制与沿海船舶污染赔偿制度目前应是两套机制,内河保险机制应单独设置,不具备完全照搬沿海制度的可能,但可互为借鉴。

(3)解决内河保险机制建设的几个核心问题分别为:参保范围、责任限额、机制建设方式和标准建设。

4 责任保险参保范围研究

4.1 参保范围的设定原则

我国内河船舶种类繁多、货种范围广泛，有运输砂石、水泥、矿建材料的，有运输钢材、煤、木材等大宗货物的，也有运输油品、危险化学品的。有些船舶是由运输公司经营管理，更多的则是由个体船户私人经营，因此，目前内河船舶保险的参保情况也是千差万别。

1. 危险化学品船舶和油船

这类船舶大多数是由航运公司所有并组织运营，便于自身安全管理和海事安全监管。根据2011年新修订的《危险化学品安全管理条例》，危险化学品运输船舶及油船实行强制投保船舶污染责任保险。

但由于没有具体细则出台，目前只有大型航运公司的油船、危险化学品船舶参与投保。个体的小型危险化学品船舶、油船出于自身利益考虑，不愿投保，存在违章、冒险营运的情况。

2. 航运公司干散货船

这类由航运公司所有并组织运营的船舶，一般情况下都有着比较完善的安全管理体系，大部分船舶都购买了一些普通船舶保险，如全损险。但投保船舶污染责任保险的却不多。更有一些小型航运公司出于成本和利益上的考虑，没有为船舶办理任何保险，属于冒险营运,一旦发生重大船舶交通事故,后果不堪设想。

3. 个体干散货船

从事内河航运业的个体干散货船数量占内河船舶总量的比重较大,很多是“夫妻船”“家庭船”,普遍存在船龄长、船型杂乱、技术落后的特点,航行安全管理水平、船员整体素质和技术能力都相对较低。这些船舶绝大部分没有购买普通船舶保险,更不要说船舶污染责任保险了。

总体而言,内河船舶特别是普通货物船舶购买一般船舶保险的比例较低,而购买船舶污染责任保险的比例更小。但不管是危险化学品船舶、油船,还是干散货船,都存在污染风险,一旦发生船舶碰撞事故,特别是沉船、溢油事故,船舶的化学品、燃油、油污水都会形成污染源,打捞的费用、清污的费用更是个体船东甚至船公司所承受不起的,因此推进落实内河船舶污染责任保险势在必行。

关于参保范围的设定方面,建议我国内河船舶污染损害民事责任保险的被保险船舶为超过 20 总吨的在中华人民共和国合法登记注册、从事内河航行的油船和载运有毒有害物质船舶以及 1000 总吨以上的其他船舶。

(1)危险化学品运输船舶,是指载运作为货物的《危险化学品目录(2015 版)》中物质而建造或改建的任何类型的内河船舶和海上运输工具。危险化学品运输船舶投保的保险责任应该包括船舶燃油和所载有毒有害物质污染造成的民事损害赔偿责任。

(2)油船,是指载运作为货物的散装油类、油性混合物(包括持久性油类和非持久性油类)而建造或改建的任何类型的内河船舶和海上运输工具,但是一艘能够运输油类和其他货物的船舶仅在其实际载运作为货物的散装油类时,以及在进行这种运输之后航次,方能被视为一艘船舶,但能证明其上已不再装有散装油类的残余物者除外。

油船投保的保险责任应该包括船舶燃油和所载油类、油类混合物污染所造成的民事赔偿责任。

(3)1000 总吨以上的其他船舶,是指除油船和载运危险化学品船舶之外的其他船舶,应该投保的保险责任包括船舶污染造成的民事赔偿责任。

4.2　参保货种的确定

根据长江海事局相关统计数据,2014 年辖区内散装液体运量为 3863.4 万 t,其中散状液体化学品货运量为 1159.8 万 t,约占总运量的 30%;散装液化气体为 50.1 万 t,约占总运量的 1.3%;散装油类为 2653.5 万 t 约占总运量的 68.7%。具体见 2.3.3 节。

从整个长江水系区域分布来看,长江危险化学品运输船舶的运输能力排首位的为江苏区段。2014 年仅南京一地散状液体危险货物(统计口径不同,此处的散状液体危险货物主要为石油、天然气及制品和化工原料和制品,类同于散装液体化学品)吞吐量就达 4554 万 t。比长江海事局辖区 2014 年散装液体化学品的总和还多。在南京辖区 2014 年散装液体危险货物中,石油、天然气及制品约占散装液体危险货物总量的 68%,化工原料和制品约占总量的 32%。从数据统计来看,无论是在长江海事局辖区内还是江苏辖区内,内河航运中的石油、天然气及制品化工原料(含持久性和非持久性油类及制品)的运量要远大于化工原料和制品(主要指危险化学品)的运量。

从船舶污染事故统计来看,船舶货油再加上船舶燃料油的泄漏事故风险,造成整体上船舶油污染的风险和次数要大于危险化学品泄漏事故。

2009—2012年江苏辖区共发生28起船舶污染事故，其中油类污染事故26起，持久性油类事故和非持久性油类事故数量各占一半，危险化学品污染事故2起。具体见表4-1。

2009—2012年长江江苏段船舶污染事故统计 表4-1

序号	日 期	区段	地点	污染物	污染量	事故类型	事故原因
1	2009.01.12	镇江	航道	油污水	100L	操作性	故意排放
2	2009.02.02	张家港	码头	重油	15kg	操作性	操作失误
3	2009.02.27	张家港	码头	棕榈油	2.88t	操作性	操作失误
4	2009.03.11	张家港	码头	菜油	300kg	操作性	操作失误
5	2009.03.20	张家港	码头	机油	30kg	操作性	设备故障
6	2009.06.03	镇江	码头	油污水	50L	操作性	设备故障
7	2008.08.29	张家港	码头	润滑油	88kg	操作性	设备故障
8	2009.08.31	镇江	码头	油污水	180L	操作性	故意排放
9	2009.09.09	扬州	码头	润滑油	少许	操作性	设备故障
10	2009.10.28	扬州	码头	油污水	少许	操作性	设备故障 操作失误
11	2009.11.26	泰州	航道	原油	少许	海难性	碰撞破损
12	2009.12.06	镇江	码头	燃料油	3kg	操作性	操作失误
13	2010.01.06	张家港	码头	植物油	2.5t	操作性	操作失误
14	2010.05.12	镇江	码头	油污水	0.01t	操作性	故意排放
15	2010.06.09	南京	航道	原油	0.21t	海难性	碰撞破损
16	2010.07.14	南京	航道	油污水	0.9t	海难性	碰撞破损
17	2010.07.19	张家港	码头	燃料油	1t	操作性	操作失误
18	2010.07.28	扬州	码头	油污水	0.01t	操作性	设备故障 故意排放
19	2010.07.31	扬州	码头	油污水	0.01t	操作性	故意排放
20	2011.01.20	张家港	码头	燃料油	1t	操作性	操作失误
21	2011.03.02	镇江	码头	原油	1t	操作性	操作失误
22	2011.03.15	江阴	码头	苯乙烯	171L	操作性	操作失误
23	2011.03.27	泰州	码头	棕榈油	13t	操作性	操作失误
24	2011.05.05	南京	码头	燃料油	2t	操作性	操作失误
25	2011.06.25	扬州	码头	燃料油	0.03t	操作性	操作失误

续上表

序号	日 期	区段	地点	污染物	污染量	事故类型	事故原因
26	2012.02.03	镇江	码头	苯酚	44t	操作性	设备缺陷 操作失误
27	2012.05.15	南通	锚地	燃料油	0.1t	操作性	设备故障
28	2012.12.13	张家港	码头	植物油	1t	操作性	操作失误

而在长江海事局辖区内,2010—2014 年共发生 4 起船舶污染事故,污染物均为成品油,属于非持久性油类。具体见表 4-2。

长江海事局辖区 2010—2014 年污染事故统计 表 4-2

序号	日 期	事故地点	航段	事故原因	船舶名称	泄漏量	污染物
1	2010.01.14	谭家背	重庆	碰撞	津州 656 船舶碰撞沉没,燃油泄漏	0.01t	成品油
2	2010.04.17	梁沱	重庆	操作	民宪船舶违法排污污染事故	0.17t	成品油
3	2011.05.06	陆溪口水道宝塔洲水域	长江中游	海损	长庆 3 号船舶碰撞燃油泄漏污染事故	0.46t	成品油
4	2013.11.10	中石化柳林洲油库码头	荆州	操作	苏扬油 15 船舶违法排污污染事故	0.02t	成品油

从事故危害性来说,如 1t 苯酚泄漏的危害性要大于 1t 原油的泄漏量,而 1t 原油泄漏量的危害性要大于 1t 成品油,即一般而言,危险化学品 > 持久性油类 > 非持久性油类。选取长江上常见的几种危险货物对其进行理化分析,具体见表 4-3。

从表 4-3 中可以看出,无论是危险化学品还是持久性油类、非持久性油类,均会对环境造成一定损害。从内河自身特点来看,其对于泄漏事故的耐受能力、自我恢复能力均比海上污染事故差。而长江沿岸的敏感资源(包括渔业资源、文物古迹、旅游资源等)和重要保护目标(包括城市取水口、重要桥梁、水下管线、客渡码头等)众多,一旦发生危险化学品船舶或装卸码头的泄漏事故,将对事故发生地、下游的敏感资源和保护目标造成不同程度的影响。

装卸货种理化特性参数与污染分类

表 4-3

品名	危险性类别	闪点（℃）	自燃点（℃）	相对密度		溶水性	爆炸极限（Vol%）	火灾危险性分类	IBC 规则污染类别	IBC 规则危害性
				气	液（20℃时）					
甲苯	第 3 类	4	480	3.14		不溶	1.2～7	甲 A	Y	
二甲苯	第 3 类	25	480	3.66	0.88	不溶	1～7	甲 A	Y	
苯酚	第 6 类	79				可溶			Y	
苯乙烯	第 3 类	34.3				不溶	1～7	甲 A	Y	
甲烷	第 3 类	-188	537	0.8	0.5	不溶	5.0～15	甲 A	Y	
液碱	第 8 类	38		—	2.13	易溶	—	—	Y	S/P
丙烷	第 3 类	-104		0.6	1.56		2.1～9.5	甲 A	Z	
LPG（液化石油气）	第 3 类	-74		—	—	不溶	2.25～9.65	甲 A		
甲酸甲酯	第 3 类	-32	449	2.01	0.98	不溶	4.5～32.0	甲 B	Z	S/P
丙酮	第 3 类	-20	465	2	0.788	互溶	2.6～12.8	甲 B	Z	—
冰醋酸	第 8 类	39	465			可溶	4～17		Z	
硫酸	8.1 类	—	—			混溶		乙	Y	

续上表

品名	危险性类别	闪点（℃）	自燃点（℃）	相对密度		溶水性	爆炸极限（Vol%）	火灾危险性分类	IBC 规则污染类别	IBC 规则危害性
				气	液(20℃时)					
硫磺	4.1 项	207	232	3.64	1.79	不溶	—	丙 B	Y	P
原油	第 3 类	-1.67~32	380	0.9	—	不溶	2.1~5.4	甲 B	油类	—
汽油	第 3 类	< -45	445	>1	0.72~0.75	不溶	1.4~7.6	甲 B	油类	—
石脑油	第 3 类	10	232	3.8	—	不溶	1.4~12.6	甲 B	油类	—
煤油	第 3 类	38~72	380	0.81	4.5	不溶	0.7~5.0	乙 A	油类	—
0#柴油	第 3 类	≥55		0.8~0.9	3~4	不溶	0.5~5.0	乙	油类	—
1#柴油	第 3 类	38~66	210	>4.5	0.775~0.840	不溶	0.7~7	乙 B/丙 A	油类	—
2#柴油	第 3 类	52~82	260	>3	0.81~0.88	不溶	0.3~10		油类	—
燃料油 4#	第 3 类	55~77	407	>1	0.98	不溶	0.4~8	丙	油类	—
燃料油 6#	第 3 类	66	232	>1	0.99	不溶	0.5~7	丙	油类	—
180#燃料油	第 3 类	≥130		0.991	—	不溶	—	丙	油类	—
煤焦油	第 3 类	<23	200	—	1.18~1.21	不溶	—	丙	油类	—

注:《国际散装运输危险化学品船舶构造和设备规则》,简称 IBC 规则。

以江苏省为例，长江江苏段是国家南水北调工程东线引水口，是江苏沿江八市的主要饮用水和工农业水源地，有主要饮用水取水口68个，承担着沿江地区九成以上饮用水的供水。由于长江江苏段船舶流量较大，沿江化工园区较多、危险化学品、油类货运量较大，一旦在生活用水取水口处发生溢油泄漏或危险化学品火灾爆炸等事故，势必对沿岸乃至其下游水域造成一定的污染，对社会、经济、环境均会造成严重影响甚至恐慌。因此，2008 年 11 月江苏省在全国范围内率先推出船舶污染责任保险，建立船舶污染责任保险机制。该保险是以船舶上燃油、载运油品、化学品及其他有害物质泄漏，或者因投保船舶在通航水域碰撞其他船舶致使被碰撞船舶上燃油、载运油品、化学品及其他有害物质泄漏造成污染损害，依法应当由船舶所有者或管理者承担经济赔偿责任为标的的保险。该保险的建立，是用市场经济手段来规避和转移船舶污染赔偿风险，加强污染防治工作，能有效提高江苏省沿海及内河水域应对重大船舶污染事故的能力；而航运企业在经济承受能力之内，通过缴纳合理的保险费，转移巨额的油污和危险化学品责任风险，有利于生产自救。

借鉴《船舶油污损害民事责任保险实施办法》中将船舶分类载运持久性油类和载运非持久性油类以及 1000 总吨以上载运非油类物质的两类船舶分别进行责任限额的设定以及江苏的相关经验，建议内河船舶污染强制保险可以根据载运货种不同而分别设立责任限额：内河航线载运持久性油类及非持久性油类船舶，危险化学品船舶、300 总吨以上载运一般货物运输船舶，共计三类。而针对不同类型的危险化学品不再进行责任限制划分。这三类可以采用不同的变化区间设置来进行责任限额的区分，可采用危险化学品船舶 > 载运持久性油类及非持久性油类船舶 >300 总吨以上载运一般货物运输船舶的设计方案。

按照《船舶油污损害民事责任保险实施办法》规定，在我国管辖海域内航行的载运散装持久性油类物质的船舶，载运非持久性油类物质的船舶，以及1000总吨以上载运非油类物质的船舶，均需投保油污损害民事责任保险或者取得其他财务保证，但目前存在海船进江后在内河水域范围内如果发生污染事故，按保险条款无法进行赔付的现实问题。从船东的角度而言，出于利益考虑，其在已购买船舶油污损害民事责任保险的基础上不愿再购买内河船舶污染强制保险；从主管部门和受损害方的角度而言，一旦海船在内河水域发生污染事故，无法从保险公司获得合理的赔偿来维护自身合法权益。因此，建议保险公司可以考虑为这部分船东在船舶油污损害民事责任保险的基础条款上增加海船进江的附加条款（可适当增加部分保险费），海船投保人只有在已投保主险的基础上，方可投保进江后的附加险。附加险与主险的保险期间一致。

4.3 参保船舶的吨位等级

2014年，长江水系共有省际危险品运输企业208家，船舶3669艘、214.713万总吨、332.9832万载重吨。其中，上海市19家、浙江省8家、江苏省89家、安徽省32家、江西省15家、湖北省17家、湖南省11家、重庆市11家、四川省1家、长航集团5家（见图4-1）。可以看出，江苏省拥有危险品运输企业数量最多，占到总数的42.8%，近半数之多。

在这208家长江水系省际危险品运输企业中，油船运输企业86家，化学品船运输企业46家；油船/化学品船运输企业71家；液化气船运输企业5家。按货种分在86家油船运输企业中，船舶运力规模5000总吨以上的有28家；1000～5000总吨的有43家；1000总吨以下的有15家。46家化学品船运输企业中，船舶运力规模5000总吨以上的有16家；1000～5000总吨的有22家；1000总吨以下的有8

家。71 家油船/化学品船运输企业中,船舶运力规模 5000 总吨以上的有 53 家;1000 ~ 5000 总吨的有 16 家;1000 总吨以下的有 2 家。5 家液化气船运输企业中,船舶运力规模 2000m^3 以上的有 3 家;500 ~ 2000m^3 的有 2 家(见图 4-2)。

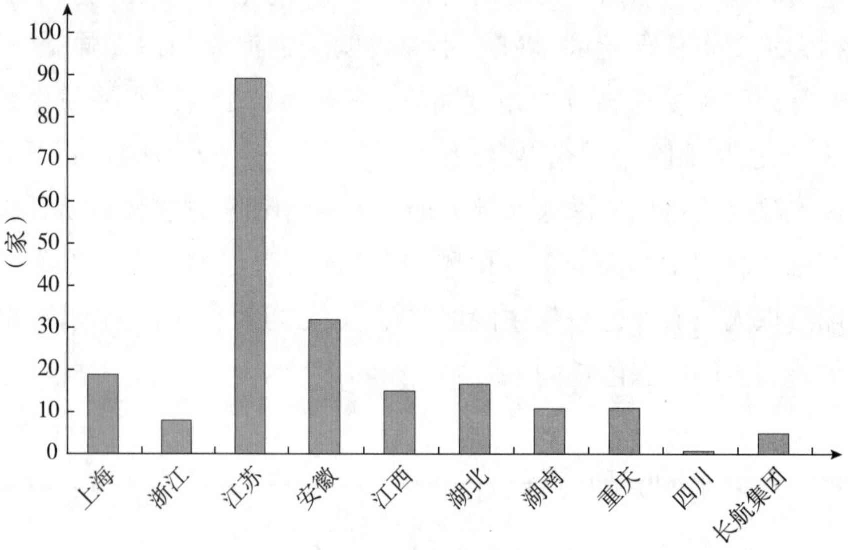

图 4-1　沿江七省二市危险品运输企业分布

这 208 家危险品运输企业共有船舶 3669 艘,其中油船 1964 艘,合计 108. 46 万总吨,平均总吨为 552t;化学品船 1422 艘,合计 41. 76 万总吨,平均总吨为 294t;油船/化学品船 251 艘,合计 62. 84 万总吨,平均总吨为 2503t;液化气船 32 艘,合计 0. 2506 万总吨,平均总吨为 517t(见图 4-3)。

可以看到,航运企业船队中两极分化的现象比较严重,即大型船企自有船舶中大型船舶数量较多,危险化学品运输船舶的主力船型为 2000 ~ 3500 吨级油船/化学品船型。而一些中小航企主要还是小型船舶,总吨位较小,以化学品船为例,1422 艘化学品船的平均吨位仅为 294t。更不用说一些个体船户私人经营的从事内河油品及化学

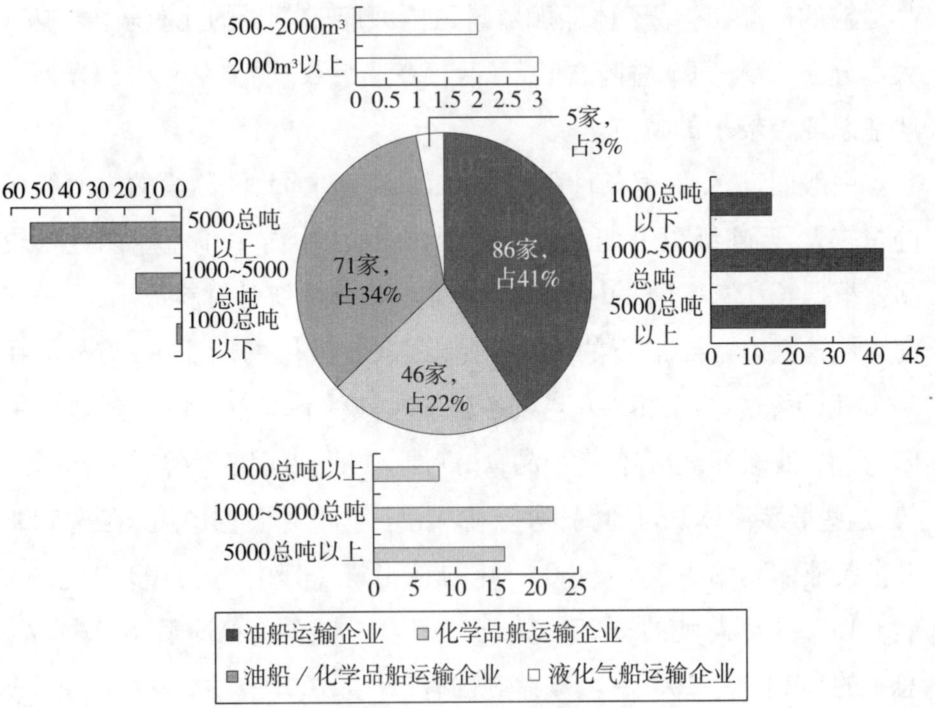

图 4-2 危险品运输企业货种、吨位分布

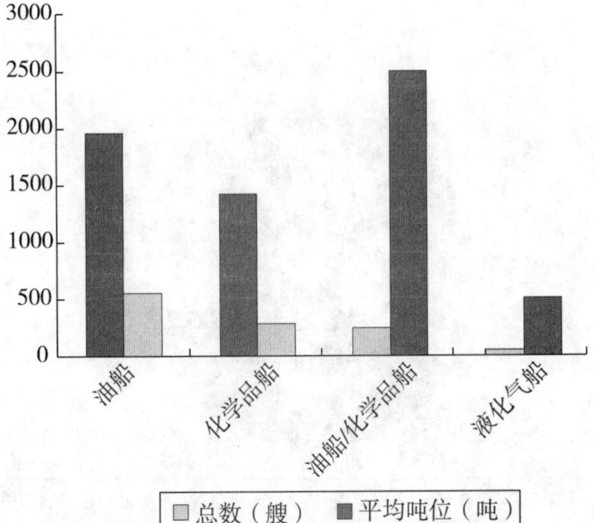

图 4-3 危险品运输企业船舶数量及平均吨位示意

品运输的船舶，这些个体船舶数量占内河船舶总量的比重较大；吨位大部分在 100～500 总吨之间，普遍存在船龄长、船型杂乱、技术落后、船舶总吨位较小的特点。

一般而言，受航道条件限制，长江下游即上海、江苏段的内河船舶吨位较大，万吨级以上船舶可以靠泊，在长江中游中小型船舶数量较多。根据长江海事局 2014 年散装液体申报单的统计资料显示，在长江海事局辖区内常年航行的 1208 艘装载散状液体的船舶中，基本都在 5000t 以下，这些船舶除了装载各种散装液体化学品，如硫酸、对二甲苯、氨水、液碱等，也有各类油品，如汽油、柴油、食用油、燃料油、油污水等，这些散装液体一旦泄漏，均会对内河水质产生严重影响。在这 1208 艘散装液体船舶中，小于 150 总吨的有 81 艘（其中小于 100 总吨的 6 艘），151～300 总吨的有 276 艘，301～500 总吨的有 289 艘，501～1000 总吨的有 147 艘，1001～1600 总吨的有 37 艘，1601～5000 总吨的有 376 艘，5001～10000 总吨的有 2 艘，没有大于 10000 总吨的，具体船舶吨位分布情况见图 4-4。

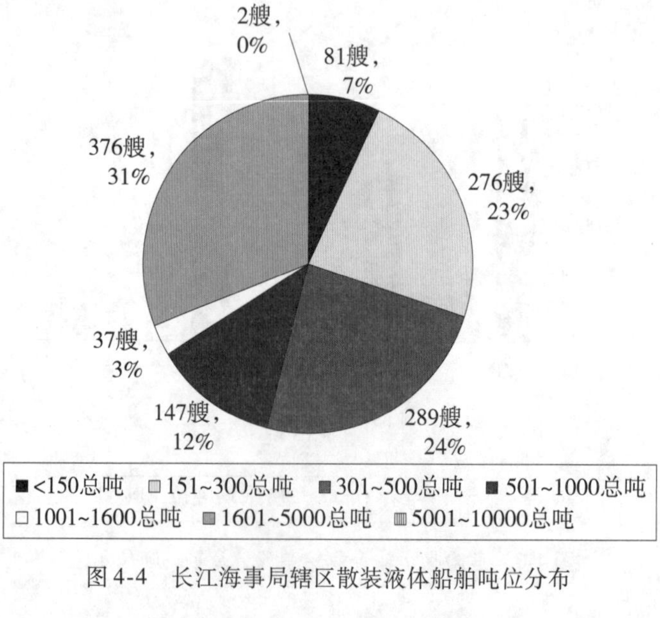

图 4-4　长江海事局辖区散装液体船舶吨位分布

可以看到，在长江海事局辖区内，500 总吨以下的散装液体船舶数量最多，占到船舶总量的一般以上，大于5000 吨级的船舶数量仅为2 艘，其中“舟海油 88”为 6028t、“洲航油 38”为 6851t，相比沿海船舶的吨级要小很多。

在长江江苏段江宽水深、水流平缓、冬无冰冻、春无凌汛，为我国水上运输大动脉，航运价值居全国内河之冠，被誉为长江“黄金水道”的黄金航段。江苏长江沿岸港口有从事危险化学品运输、装卸、中转、储存的公司和企业有 130 余家；危险品码头、泊位 235 个，其中万吨级的有 40 余个，最大靠泊能力达到 8 万吨级；危险品库区 4 个，危险品锚地 3 个，石油化工基地 1 个，危险品年吞吐量 12258 万 t。以江苏南京段为例，2012 年南京辖区水域有危险化学品码头泊位 80 个，占南京水域码头泊位总量的 28.07%。其中原油泊位 7 个（万吨级以上 5 个）、成品油泊位 19 个（万吨级以上 6 个）、液体化工泊位 45 个（万吨级以上 15 个）；危险货物专用装卸码头和泊位 61 个。南京辖区内危险货物运输主要有原油、汽油、柴油、重油等成品油和烷、酮、醇、苯类等液体化工 196 种，涉及国内危规中的 8 类 140 种。一旦发生污染和泄漏后果不堪设想。

通过上述统计数据分析可以发现，长江内河散装船舶集中在151 ~ 1000 总吨区间内。再进一步分析可以看到大部分船舶落在101 ~ 500 总吨、501 ~ 2000 总吨、2001 ~ 10000 总吨这三个区间内（见图 4-5）。

在《船舶油污损害民事责任保险实施办法》中，将海上船舶分类载运持久性油类和载运非持久性油类以及 1000 总吨以上载运非油类物质的两类船舶进行投保。考虑到内河船舶吨位比海上船舶吨位小以及污染损害比海上更大的特点，参考《海商法》《中华人民共和国船舶油污损害民事责任保险实施办法》中对船舶吨

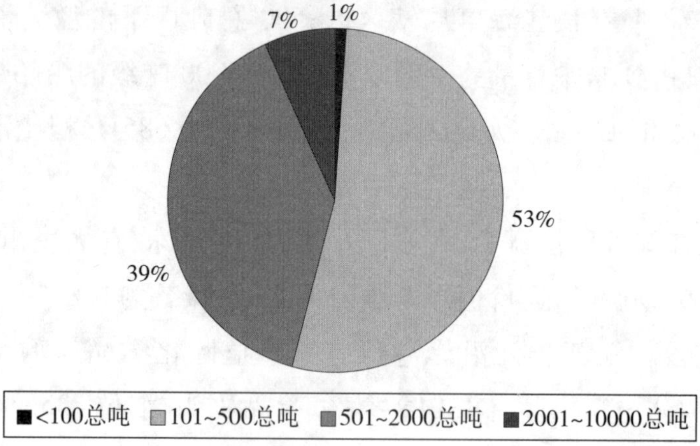

图4-5　不同吨位长江内河散装液货船舶分布

位与赔偿限额的划分，结合内河危险品运输船舶特点，建议内河危险品运输船舶（包括持久性油类和危险化学品）所有人投保船舶污染损害民事责任保险的船舶吨位可以采用区间递进方式，即"小吨位固定，大吨位随吨位增加"的方式。100 总吨以下船舶数量较少，可采用固定限额；其余共划分四个区间，即 101 ~ 500 总吨、501 ~ 2000 总吨、2001 ~ 10000 总吨和 10000 总吨以上，保险限额依次累加递进。

4.4　危险化学品与危险货物的区别

《危险化学品安全管理条例》中规定，运输列在《危险化学品目录（2015 版）》中的危险化学品的内河船舶，其所有人或者经营人应当取得船舶污染损害责任保险证书或者财务担保证明，即需要进行强制保险；但在交通系统的习惯中，为规范危险货物运输活动一般使用《危险货物品名表》（GB 12268—2012）。两个文件在法律定义上有所区别，详见表 4-4。

危险货物品名表和危险化学品目录的区别 表4-4

项目	危险货物品名表	危险化学品名录
颁布部门	由交通部提出并组织修订发布	安全监管总局会同工业和信息化部、公安部、环境保护部、交通运输部、农业部、国家卫生和计划生育委员会、质量监督检验检疫总局、铁路局、民用航空局制定
适用范围	危险货物的定义为:凡具有爆炸、易燃、毒害、腐蚀、放射性等性质,在运输、装卸和储存保管中,容易造成人身伤亡和财产损毁而需要特别防护的货物	危险化学品定义为:指具有毒害、腐蚀、爆炸、燃烧、助燃等性质,对人体、设施、环境具有危害的剧毒化学品和其他化学品
具体分类	第1类爆炸品;第2类气体;第3类易燃液体;第4类易燃固体;第5类氧化性物质和有机过氧化物;第6类毒性物质和感染性物质;第7类放射性物质;第8类腐蚀性物质;第9类杂项危险物质和物品,包括危害环境物质	1.爆炸物;2.易燃气体;3.气溶胶(又称气雾剂);4.氧化性气体;5.加压气体;6.易燃液体;7.易燃固体;8.自反应物质和混合物;9.自燃液体;10.自燃固体;11.自热物质和混合物;12.遇水放出易燃气体的物质和混合物;13.氧化性液体;14.氧化性固体;15.有机过氧化物;16.金属腐蚀物;17.急性毒性;18.皮肤腐蚀/刺激;19.严重眼损伤/眼刺激;20.呼吸道或皮肤致敏;21.生殖细胞致突变性;22.致癌性;23.生殖毒性;24.特异性靶器官毒性——一次接触;25.特异性靶器官毒性——反复接触;26.吸入危害;27.危害水生环境;28.危害臭氧层

2015年版《危险化学品目录》在2002年版将化学品危害分为爆炸品、压缩气体和液化气体、易燃液体、易燃固体自燃物品和遇湿易燃物品、氧化剂和有机过氧化物、有毒品、腐蚀品7大类的基础上,为了与联合国《全球化学品统一分类和标签制度》(简称GHS制度)的接轨,更加细化,并将化学品致癌、生殖毒性、危害水生环境等潜在健康和环境危害纳入评估范畴,但总体还是在原来的7大项范围内。

分析两者的区别,就整体而言,可以看出危险货物的范围中有危险化学品,但不全是危险化学品,《危险货物品名表》中第7类、第9

类不属于危险化学品,但属于危险货物,笼统地说,危险货物品名表的范畴比危险化学品名录的范畴更广一些。

依据《危险化学品安全管理条例》对危险化学品的定义以及《危险化学品目录(2015 版)》第五十七条:"通过内河运输危险化学品的船舶,其所有人或者经营人应当取得船舶污染损害责任保险证书或者财务担保证明。船舶污染损害责任保险证书或者财务担保证明的副本应当随船携带。"《中华人民共和国防治船舶污染内河水域环境管理规定(修订)》第十一条规定:"通过内河运输危险化学品的船舶,其所有人或者经营人应当投保船舶污染损害责任保险或者取得财务担保。船舶污染损害责任保险单证或者财务担保证明的副本应当随船携带。"

可以看到,无论是《危险化学品安全管理条例》还是《防治船舶污染内河水域环境管理规定》,均明确提出了内河危险化学品船舶必须取得责任保险的要求。这对内河环境保护及修复具有极大的促进作用。就交通系统内而言,因为涉及运输包装环节,使用《危险货物品名表》的情况较多。

根据相关调查表明,内河危险化学品运输船舶所有人的主观投保意愿不高,只有少数重点内河航段的运输危险化学品船舶投保(且均为附加险)。因此,在推广阶段,还是应当以有法律条文规定为准则,依据《危险化学品目录(2015 版)》,对运输危险化学品内河船舶开展强制保险(可减少投保船舶数量,降低制度推行阻力)。未来视执行情况,对相关法律进行修订,将强制保险范围扩展至《危险货物品名表》。

4.5 小结

(1)无论是危险化学品还是持久性油类、非持久性油类,均会对环境造成一定损害。从内河自身特点来看,其对于泄漏事故的耐受能力、自我恢复能力均比海上污染事故的差。而内河沿岸的敏感资源众多，一旦发生危险化学品船舶或装卸码头的泄漏事故，将对事故发生地和下游的敏感资源和保护目标造成不同程度的影响。

《危险化学品安全管理条例》中规定，运输列在《危险化学品目录(2015版)》中的危险化学品的内河船舶，其所有人或者经营人应当取得船舶污染损害责任保险证书或者财务担保证明。因此，建议现阶段应以法律条文为准则，依据《危险化学品目录(2015版)》，对运输危险化学品内河船舶开展强制保险。

未来视执行情况，对相关法律进行修订，将强制保险范围扩展至《危险货物品名表》。建议未来内河船舶污染强制保险可以根据载运货种不同而分别设立责任限额：内河航线载运持久性油类及非持久性油类船舶，危险化学品船舶、300总吨以上载运一般货物运输船舶，共计三类。这三类可以采用不同的变化区间设置来进行责任限额的区分。而针对不同类型的危险化学品不再进行责任限制的划分。

(2)由于海船进江后是否需要保险，涉及原赔偿保障体系是否能够延伸至内河以及是否产生新的风险两个方面。目前，针对海上船舶的保险主要为原油、成品油及燃料油，尚未针对危险品进行投保的要求。因此，危险品运输船舶进江，需要有针对性地投保。

(3)综合考虑内河船舶吨位分布情况和特点，参考《海商法》《船舶油污损害民事责任保险实施办法》中对船舶吨位与赔偿限额的划分建议内河危险品运输船舶(包括持久性油类和危险化学品)所有人投保船舶污染损害民事责任保险的船舶吨位才用区间递进方式，即“小吨位固定，大吨位随吨位增加”的方式。

(4)《国际海上运输有毒有害物质损害责任及赔偿公约》(简称HNS公约)对有毒有害物质的范围以列举的方式进行了说明,将IMO现有的提供有毒有害物质清单的法律文件,如《经1978年议定书修订的〈1973年国际防止船舶造成污染公约〉》(MARPOL73/78)、《国际海运危险货物规则》(IMDG Code)、《国际散装运输危险化学品船舶构造和设备规则》(IBC Code)、《国际海运固体散装货物规则》(IMSBC Code)中涉及的性质上有毒有害的物质作为公约下的有毒有害物质。同时,公约采取了一种动态的规定,即如果这些参照的国际公约或规则进行了修正,HNS公约清单发生了改变,则HNS公约也将被默认修正。但需注意的是有一种例外情况,即对于IMDG Code的援引,HNS公约规定只援引1996年版IMDG Code的HNS清单,不考虑此后对IMDG Code所做的任何修改。为帮助有关利益方确认某种物质是否属于有毒有害物质以及是否属于摊款货物,应向总账户还是分账户缴纳摊款,国际油污赔偿基金秘书处已建立起帮助识别HNS公约摊款货物的数据库——HNS查找器(HNS Finder)。鉴于有毒有害物质清单是动态性质的,HNS查找器将定期更新。

内河航运危险化学品可参考《危险化学品目录(2015版)》。《危险化学品目录》,由国务院安全生产监督管理部门会同国务院工业和信息化、公安、环境保护、卫生、质量监督检验检疫、交通运输、铁路、民用航空、农业主管部门,根据化学品危险特性的鉴别和分类标准确定、公布,并适时调整。保险人可参照该目录进行投保。交通主管部门针对危险化学品事故案例、运输情况进行统计和发布权威数据,为保险公司提供制定保费算法的依据。长久来看,还需要建设较为科学的危险化学品数据库,便于查找比对、保额计算及损害分析赔偿。

参保范围的分期设定见表4-5。

参保范围的分期设定 表 4-5

参保范围		当前	近期（2016—2025 年）	远期（2026 年以后）
载运货种	《危险化学品目录》			
	《危险化学品目录》外的油品			
	其他载运货种			
船舶类型	内河危险化学品载运船舶			
	危险化学品载运进江海船			
	其他进江海船			
船舶吨级	所有相关吨级船舶			

5 保险中责任限额研究

5.1 海事管理中的责任限额

海事赔偿责任限制制度是指在发生重大海难，给他人造成重大财产损失或人身伤亡时，将船舶责任方的赔偿责任限制在一定限度内的海损赔偿制度。

严格责任需要对其责任进行限制。行为自由理论说明，没有过错造成损害的，行为人无须承担责任。但是，法律却规定，高度危险作业者造成他人损害的，要承担赔偿责任，即采纳了无过错责任。作业者主观过错的欠缺说明其行为不具备可责难性，甚至这些高危行为是国家鼓励的、人类急需的，对这类行为造成的损害苛以全部的民事赔偿责任，将限制其发展，甚至阻碍科技进步。所以，严格责任下，责任限制制度应运而生。责任限制制度与严格责任原则有着紧密的联系，可以视为是对严格责任原则的法律矫正与合理补充。

《海商法》中存在赔偿责任限制制度。水上运输投资大、风险高。如果不对特定的损害赔偿加以任何限制，一旦让船东或货主完全承担这些损失，会严重影响航运业的发展，阻碍投资，更不利于航海贸易的发展。为鼓励航运投资，各国普遍采取保护船东利益的立法，确立海事赔偿责任限制制度。我国《海商法》也有责任限额的相关规定。《海商法》规定责任人有权限制其赔偿责任。但以下情况例外：

第 59 条和第 209 条规定，如果经证明，引起赔偿请求的损失是由于责任人的故意或明知可能造成损失而轻率地作为或者不作为造成的，责任人无权请求责任限制。从污染损害赔偿的众多公约（如 CLC 公约、FUND 公约等）来看，也都体现了优先级赔偿的概念。国际上关于环境责任保险也一般采用有限赔偿制。

本书提到的责任限额是指在责任保险中，保险公司承担赔偿保险金责任的单次最高限额。每次赔偿限额是指每一次事故最高赔偿限度。累计赔偿限额是指在保险期限内，发生多次事故赔偿总和的最高额度。

5.2 相关国内外保险责任限额的设置方法及分析

责任限额是指在责任保险中保险公司承担赔偿保险金责任的最高限额。责任保险中，责任限额由保险双方事人在签订保险合同时依据投保标的的具体情况商定一个最高的赔偿限额。如果受害人的实际损失小于责任限额，则按实际损失赔偿；如果受害人的实际损失大于或等于责任限额，则按照责任限额赔偿，与实际损失数额大小无关。邬先江（2010）认为，海事赔偿责任限制制度以鼓励航运的公共政策为重要宗旨，同时有更为具体的法理基础，此项制度体现了公平、公义的原则。尽管航运风险有所降低，相关方可以通过保险分散风险，航运企业普遍采用有限责任公司（或股份有限公司）的形式，人身伤亡优先保护越来越受到重视，但是这些均不能影响海事赔偿责任限制制度对于航运业健康发展的重要作用。海事赔偿责任限制制度是协调各方利益的杠杆，是促进投资与产业发展的重要保障，既是历史发展的产物，又是现在与未来产业发展的必要制度。因此，应当继续保留这一制度，但是可以根据社会发展的需要，进一步修改和完善这一制度的有关内容，在切实协调各方利益的基础上，促进航运投资与产业的发展。

根据内河污染事故的特点，内河船舶污染损害民事责任保险的责任限额设置方法和依据应该从以下几个方面考虑。

(1)实际可能造成的损失。责任限额的设置方法和依据需要参考实际可能发生的内河污染事故损失大小。如果责任限额设置过小，受害人的损害无法得到充分的补偿，清污工作的进度也会受到影响，强制船舶污染责任保险的价值和目的就无法得到实现。

(2)法律法规的要求。关于内河船舶的污染损害赔偿限额我国暂无明确的赔偿标准，可以借鉴沿海船舶损害民事赔偿标准。我国现行的关于船舶污染责任保险的责任限额规定主要有《船舶油污损害民事责任保险实施办法》《海商法》《关于不满 300 总吨船舶及沿海运输、沿海作业船舶海事赔偿限额的规定》。

5.2.1 《海商法》中关于责任限额的规定

《海商法》中多次提到责任限额和赔偿限额，但没有单独对污染事故责任提出赔偿限额规定。但提出了：

“(二)关于非人身伤亡的赔偿请求：

1. 总吨位 300 吨至 500 吨的船舶，赔偿限额为 167000 计算单位；

2. 总吨位超过 500 吨的船舶，500 吨以下部分适用本项第 1 目的规定，500 吨以上的部分，应当增加下列数额：

501 吨至 30000 吨的部分，每吨增加 167 计算单位；

30001 吨至 70000 吨的部分，每吨增加 125 计算单位；

超过 70000 吨的部分，每吨增加 83 计算单位。”

《海商法》第 277 条规定：

“本法所称计算单位,是指国际货币基金组织规定的特别提款权。”

《海商法》已有20多年没有修订,设定的责任限额规定如今看来也显得比较低。

5.2.2 海上油污责任民事保险

《船舶油污损害民事责任保险实施办法》(简称《实施办法》)第二章“船舶油污损害民事责任保险及额度”的要求:

“第五条　在中华人民共和国管辖海域内航行的载运散装持久性油类物质的船舶,投保油污损害民事责任保险或者取得其他财务保证,应当不低于以下额度:

(一)5000总吨以下的船舶为451万特别提款权;

(二)5000总吨以上的船舶,除前项所规定的数额外,每增加一吨,增加631特别提款权,但是,此总额度在任何情况下不超过8977万特别提款权。

第六条　在中华人民共和国管辖海域内航行的载运非持久性油类物质的船舶,以及1000总吨以上载运非油类物质的船舶,投保油污损害民事责任保险或者取得其他财务保证,应当不低于以下额度:

(一)20总吨以上、21总吨以下的船舶,为27500特别提款权;

(二)21总吨以上、300总吨以下的船舶,除第(一)项所规定的数额外,每增加一吨,增加500特别提款权;

(三)300总吨至500总吨的船舶,为167000特别提款权;

(四)501总吨至30000总吨的船舶,除第(三)项所规定的数额外,每增加一吨,增加167特别提款权;

(五)30001总吨至70000总吨的船舶,除第(四)项所规定的数

额外,每增加一吨,增加125特别提款权;

(六)70001总吨以上的船舶,除第(五)项所规定的数额外,每增加一吨,增加83特别提款权。

第七条　从事中华人民共和国港口之间货物运输或者沿海作业的船舶,投保油污损害民事责任保险或者取得其他财务保证,其额度按照第六条所规定额度的50%计算。"

可以看到,《实施办法》中规定了海上船舶投保油污损害民事责任保险或者取得其他财务保证的下限。

5.2.3　内河责任民事保险中关于责任限额的规定

(1)依据现行的《中华人民共和国防治船舶污染内河水域环境管理规定》(交通部令2005年第11号),没有对污染事故责任赔偿进行保险要求,更不用说保险限额问题了。

(2)《中华人民共和国防治船舶污染内河水域环境管理规定》(修订,2016年5月1日实施)对危险化学品船舶进行了强制保险的要求,但没有提出责任限额最低标准。

5.2.4　《关于不满300总吨船舶及沿海运输、沿海作业船舶海事赔偿限额的决定》中关于责任限额的规定

根据《关于不满300总吨船舶及沿海运输、沿海作业船舶海事赔偿限额的决定》中第三条和第四条的要求:

"(二)关于非人身伤亡的赔偿请求:

1. 超过20总吨、21总吨以下的船舶,赔偿限额为27500计算单位;

2. 超过21总吨的船舶,超过部分每吨增加500计算单位。

第四条　从事中华人民共和国港口之间货物运输或者沿海作业

的船舶，不满300总吨的，其海事赔偿限额依照本规定第三条规定的赔偿限额的50%计算；300总吨以上的，其海事赔偿限额依照《中华人民共和国海商法》第二百一十条第一款规定的赔偿限额的50%计算。”

5.2.5 美国《油污法》中关于责任限额的规定

油轮的责任限额为每总吨1200美元，超过3000总吨的船舶最低限额为1000万美元；不足3000总吨的船舶，最低责任限额为200万美元。非油轮船舶责任限额为每总吨600美元，最低责任限额为50万美元。

2015年，美国根据消费价格指数的变化调整了美国《1990年油污法》中船舶责任限制的金额，各类船舶都在原责任限额基础上平均提高了10%左右。其中，3000总吨以上的单壳油轮，从“每总吨3200美元或23496000美元，以两者中赔偿限额高者为准”调整为“每总吨3500美元或25845600美元，以两者中赔偿限额高者为准”；3000总吨以上的非单壳油轮，从“每总吨2000美元或17088000美元，以两者中赔偿限额高者为准”调整为“每总吨2200美元或18796800美元，以两者中赔偿限额高者为准”。

5.2.6 CLC公约中关于责任限额的规定

CLC1992公约大幅提高了船舶所有人的责任限额，规定对于不超过5000吨位的船舶，限额为3000000（2000年修正案已经提高为4510000）特别提款权；而对于超过5000吨位的船舶，除上述金额外，对每一额外吨位另加420（2000年修正案已经提高为631）特别提款权，但该合计金额在任何情况下不应超过59700000（2000年修正案已经提高为89770000）特别提款权。

5.2.7 BUNKER 公约中关于责任限额的规定

BUNKER 公约第七条对 1000 总吨以上的船舶做了相应的保险要求：

“第七条 强制保险和财务担保

1. 已登记的船舶所有人在一缔约国内登记拥有 1000 总吨以上船舶的，必须进行保险或取得其他财务担保，诸如银行或类似金融机构的担保，以便按其适用的国内或国际责任限制法律中的规定承担其对油污损害所应负的责任，但是在任何情况下不得超过修改后的《1976 年海事赔偿责任限制公约》中所规定的数额。”

5.2.8 HNS 公约中关于责任限额的规定

HNS 公约最基本的特点是采用了两层赔偿机制，将类似于 1969 年《国际油污损害民事责任公约》的第一层赔偿机制和类似于 1971 年《国际油污损害赔偿基金公约》的第二层赔偿机制置于一个公约中，形成完整的两层赔偿机制。这利于各国赔偿机制的统一，便于协调两层赔偿机制的赔偿限额。该公约的第一层赔偿机制要求船舶所有人对承运有害、有毒物质的船舶进行强制保险；第二层赔偿机制要求有害、有毒物质的进口商/收货人分摊基金，设立国际有害、有毒物质基金。当船舶所有人对产生的损失免除赔偿责任或因财务原因无力满足受损方的赔偿要求，或者损害超出船舶所有人的责任限额时，基金对受损方予以补偿。

“第 9 条

1. 船舶所有人应有权根据本公约将其对任何一次事故的责任限制为按下述计算的累计金额：

(a) 不超过 2000 吨位的船舶：1000 万计算单位；

(b)对超过该吨位的船舶,在(a)项中所述金额上加上下列金额:

从2001至50000吨位的每一吨:1500计算单位;

超过50000吨位的每一吨:360计算单位;

但该累计金额在任何情况下不应超过1亿计算单位。

第12条

1.在一当事国中登记并实际运输有害有毒物质的船舶的所有人,须对按适用第9条1款中所述责任限额确定的金额进行保险或取得其他经济担保,如银行或类似金融机构的担保,以担保本公约规定的损害责任。”

5.2.9 对不同法规限额的设定分析

依据前面法规的规定,这里对不同限额进行分析,详见表5-1和图5-1~图5-3。

从表5-1可以看出以下特点:

(1)《海商法》的赔偿不对船舶类型设限制,而《船舶油污损害民事责任保险实施办法》巧妙地将船舶分类载运持久性油类和载运非持久性油类以及1000总吨以上载运非油类物质的两类船舶,分别进行责任限额的设定。

《船舶油污损害民事责任保险实施办法》中关于载运非持久性油类以及1000总吨以上载运非油类物质船舶的规定,和《海商法》基本一致。《船舶油污损害民事责任保险实施办法》还将300总吨以下船舶进行了划分,并对其提出了保险要求,与《关于不满300总吨船舶及沿海运输、沿海作业船舶海事赔偿限额的决定》中对20~299总吨的限额规定一致。《船舶油污损害民事责任保险实施办法》中载运散装持久性油类物质的船舶额度与CLC1992公约一致。

不同法规对限额的设定 表 5-1

法规	限额内容	船舶类型和总吨		特别提款权*	人民币(约万元)，x 为增加总吨	依据性说明
《海商法》	非人身伤亡的赔偿	301～500		167000	146	
		501～30000		每吨增加 167	146～4462	
		30001～70000		每吨增加 125	4462～8812	
		70001 以上		每吨增加 83	8812 + 0.0727x	
《船舶油污损害民事责任保险实施办法》	油污损害民事责任保险	国际航线载运持久性油类	5000 以下	451 万	3951	与 CLC 公约一致
			5001 以上	每吨增加 631，总额小于 8977 万	3951～78639	
		国际航线载运非持久性油类，以及 1000 总吨以上载运非油类物质	20	27500	24	与《关于不满 300 总吨船舶及沿海运输、沿海作业船舶海事赔偿限额的决定》一致
			22～299	每吨增加 500	25～146	
			300～499	167000	146	与《海商法》一致
			500～29999	每吨增加 167	146～4462	
			30000～69999	每吨增加 125	4462～8812	
			70000 以上	每吨增加 83	8812 + 0.0727x	
		国内海上航线	按照上述的 50% 计算			与《关于不满 300 总吨船舶及沿海运输、沿海作业船舶海事赔偿限额的决定》一致

续上表

法规	限额内容	船舶类型和总吨		特别提款权*	人民币(约万元),x为增加总吨	依据性说明
美国《1990年油污法》	罚金限额	油轮	3000以下	每吨增加7500美元,不低于1200万美元	7680～14400	
			3001以上	每吨增加7500美元,不低于6000万美元	38400～(38400+4.8x)	
		非油轮	—	每吨增加3750美元,不低于300万美元	1970～(1970+2.4x)	
HNS公约	运输有害有毒物质船舶责任保险	2000以下		1000万	8760	
		2001～50000		每吨增加1500	8760～71832	
		50001以上		每吨增加360,总额小于10000万	71832～87600	
关于不满300总吨船舶及沿海运输、沿海作业船舶海事赔偿限额的决定	与《船舶油污损害民事责任保险实施办法》的“国内海上航线”“20～299总吨船舶”的赔偿限额一致					
CLC公约	与《船舶油污损害民事责任保险实施办法》中载运散装持久性油类物质的船舶额度相一致					
BUNKER公约	对1000总吨以上的所有船舶要求,责任限额不低于1976年海事索赔责任限制公约要求,各国可根据国内法规来确定					

注:*据IMF(国际货币基金组织)2015年11月29日的报价,1SDR(Special Drawing Right,特别提款权)约1.37元美元(约8.76元人民币)。《油污法》是以美元表示,2015年11月29日1美元与1元人民币的中间汇率为6.4。

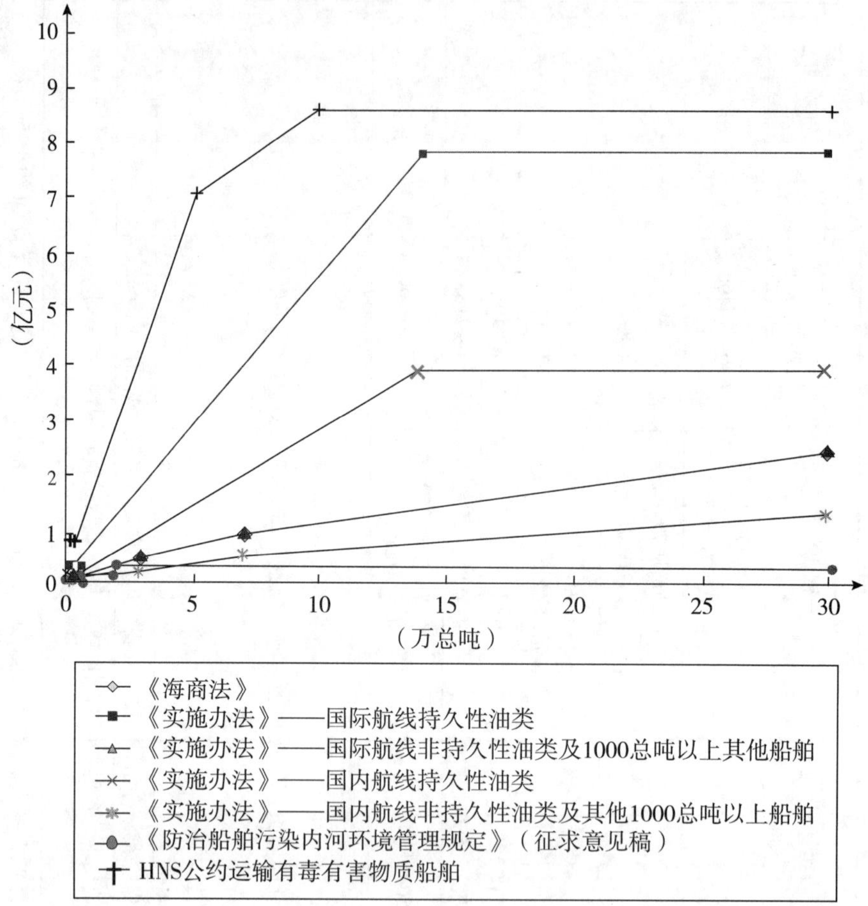

图 5-1　不同法规对限额的变化趋势对比(0～30 万总吨)

可以了解到,《船舶油污损害民事责任保险实施办法》的赔偿限额是有 3 个法律基础的,并且没有重新设置限额标准。

(2)有两种方式划分,一种是大幅度吨位区间加上增量,一种是靠小幅度区间直接划分赋保险责任限额。

(3)HNS 公约并没有针对化学品种类进行限额分类。

这表明,HNS 公约编制者认识到,这种操作太复杂,也不现实。化学品船舶装载货物是变化的,并且一船可以装载不同种类的化学品。

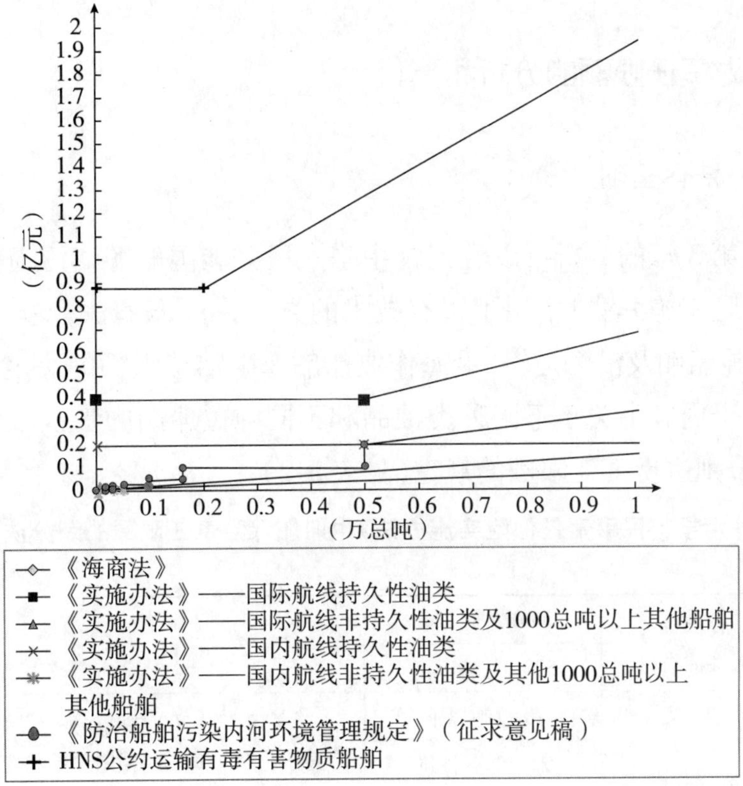

图 5-2　不同法规对限额的变化趋势对比(0 ~ 1 万总吨)

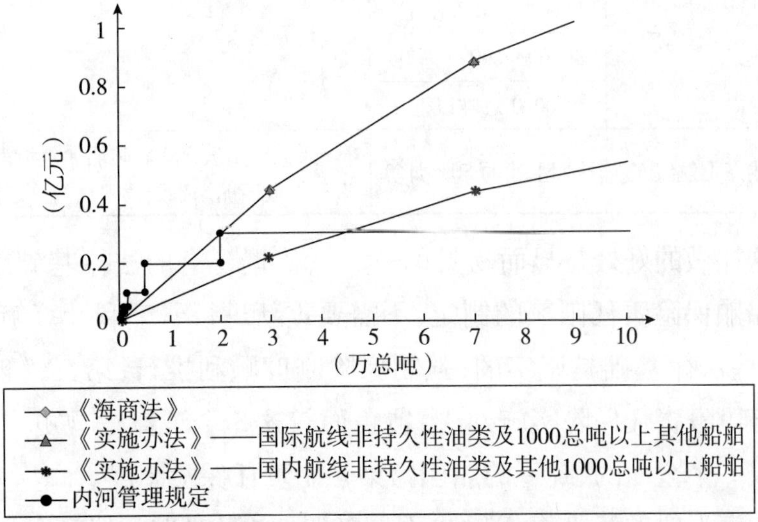

图 5-3　内河管理规定和我国其他法规对限额的变化趋势对比(0 ~ 10 万总吨)

5.3 对责任限额的分析和建议

5.3.1 法律基础

从第3章的分析可以看到,《中华人民共和国船舶油污损害民事责任保险实施办法》采用了很有技术的方式,将《海商法》《关于不满300总吨船舶及沿海运输、沿海作业船舶海事赔偿限额的决定》、CLC公约三个内容中关于不同种类油品和不同吨位船舶的责任限额进行分割,分别进行责任限额的规定(见表5-2)。

《船舶油污损害民事责任保险实施办法》中船舶保险责任限额的划分法律依据

表5-2

<table>
<tr><td rowspan="2">国际航线载运持久性油类</td><td>5000总吨以下</td><td rowspan="2">与CLC公约一致</td></tr>
<tr><td>5001总吨以上</td></tr>
<tr><td rowspan="6">国际航线载运非持久性油类,以及1000总吨以上载运非油类物质</td><td>20总吨以下</td><td rowspan="2">与《关于不满300总吨船舶及沿海运输、沿海作业船舶海事赔偿限额的决定》一致</td></tr>
<tr><td>21~299总吨</td></tr>
<tr><td>300~499总吨</td><td rowspan="4">与《海商法》一致</td></tr>
<tr><td>500~29999总吨</td></tr>
<tr><td>30000~69999总吨</td></tr>
<tr><td>70000总吨以上</td></tr>
<tr><td>国内海上航线</td><td>按照上述的50%计算</td><td>与《关于不满300总吨船舶及沿海运输、沿海作业船舶海事赔偿限额的决定》一致</td></tr>
</table>

这样做的好处是显而易见的:第一,依据现有的法律基础就可以完成船舶保险责任限额的制定,不需要重新进行研究和计算衡量;第二,这些法律基础是坚实的,强制保险制度顺利推行;第三,《船舶油污损害民事责任保险实施办法》覆盖面较这3个法律法规更广泛,更能形成一个全面的、统一的船舶污染强制责任保险制度。

与海上船舶污染责任保险不同的是,内河船舶污染责任保险在保险责任限额方面缺乏上位法的参考和支撑。另外,关于内河实施船舶污染责任保险制度实施方面,在内河航运业中还没有大范围推广,船舶所有人还没有形成一个良好的习惯。所以在费率设置初期,建议设置金额不宜过高,可通过后期调整逐步提高责任限额。

因此,本书建议在未来《水污染防治法》进行修订时,将内河船舶责任保险、责任保险限额以及责任保险参保范围进行明确规定。

5.3.2 被保险船舶类型

从船舶总运量考虑,内河航运中的持久性和非持久性油类的运量要大于危险化学品的运量。再加上船舶燃料油的泄漏事故风险,整体上船舶造成油污染的风险和影响要大于危险化学品的泄漏事故。

如果要对油类运输船舶的污染提出保险要求,建议根据船舶的不同而分别设立责任限额,共计有3类:内河航线载运持久性油类及非持久性油类船舶,危险化学品船舶,300总吨以上载运一般货物运输船舶。而针对不同类型的危险化学品不在进行责任限制的划分。这3类可以设置不同的变化区间来进行责任限额的区分。比如可采用危险化学品船舶 > 载运持久性油类及非持久性油类船舶 > 300总吨以上载运一般货物运输船舶的设计方案。

5.3.3 责任限额的设置方式

针对责任限额计算方式设置的主要内容有起始吨位、设置区间数量及分布、限额大小、限额变化因素等。

1. 起始吨位和设置区间

《海商法》《船舶油污损害民事责任保险实施办法》、美国《1990年油污法》中关于责任限额的设置起始吨位、区间数量及递进方式见表5-3。

起始总吨位和设置区间数量 表5-3

法规		起始总吨位（万t）	区间设置数量	区间递进方式
《海商法》		300	4	500总吨以下固定,500总吨以上随吨位增加
《船舶油污损害民事责任保险实施办法》	国际航线载运持久性油类（同CLC公约）	0	2	5000总吨以下固定,5000总吨以上随吨位增加
	国际航线载运非持久性油类,以及1000总吨以上载运非油类物质	20	6	小吨位固定,大吨位随吨位增加
	国内海上航线	—	—	—
美国《1990年油污法》	油轮	0	2	分两段设最低限额,随吨位增加
	非油轮	0	1	设最低限额,随吨位增加
HNS公约		0	3	2000总吨以下固定,2000总吨以上随吨位增加,设最高限额

(1)起始吨位。

可以看到除了《海商法》和《船舶油污损害民事责任保险实施办法》中关于国际航线载运非持久性油类以及1000总吨以上载运非油类物质设置的起始吨位非零外,其他的计算方式均是从零吨位开始计算。内河船舶船型相对海上船舶较小,且危险化学品运输船舶的船型较一般内河船舶的小。在《船舶油污损害民事责任保险实施办法》中,关于国际航线载运非持久性油类以及1000总吨以上载运非油类物质设置20总吨为起始吨位,是因为采用了《关于不满300总吨船舶及沿海运输、沿海作业船舶海事赔偿限额的决定》的相关规定,有上位法进行支撑。

(2)区间设置。

从区间设置数量来看,《防治船舶污染内河水域环境管理规定》(征求意见稿)中设置了8段,是设置分段数量最高的。这主要是因为采用了分段固定的限额设置方式,为了体现不同吨位船舶的责任限制的不同,而需要多设置不同的区段进行调节。需要注意的是,1000总吨之前挤进去了4个区间,区间较为狭窄,变化过于复杂。

依据2014年对长江内河水域散装液货船舶的分析,全年一共有1208艘散装液体船舶,小于150总吨的有81艘,151～300总吨的有276艘,301～500总吨的有289艘,501～1000总吨的有147艘,1001～1600总吨的有37艘,1601～5000总吨的有376艘,5001～20000总吨的有2艘,没有大于20000总吨的船舶。

由图5-4和图5-5可以看出,长江内河散装船舶集中在151～1000总吨区间内。进一步分析可以看到,大部分船舶落在101～500总吨、501～2000总吨、2001～10000总吨这个三个区间内。而100总吨以下船舶数量很少(6艘)。

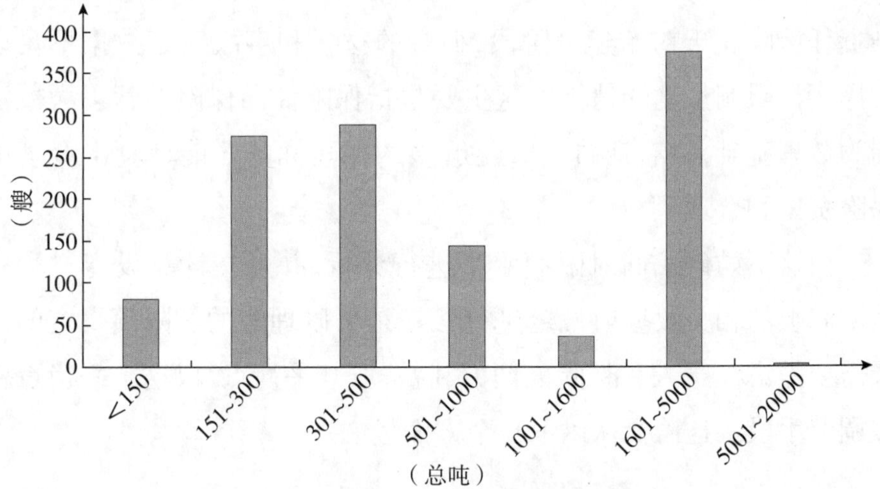

图5-4　2014年不同吨位长江内河散装液货船舶分布

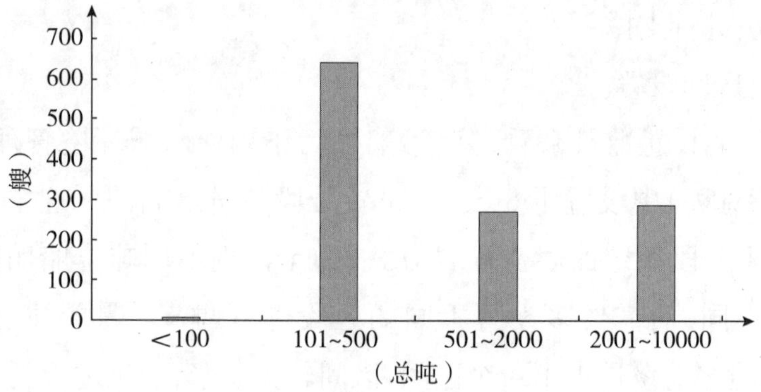

图 5-5　2014 年不同吨位长江内河散装液货船舶分布

(3)区间递进方式。

关于区间递进方式,大部分法规采用“小吨位固定,大吨位随吨位增加”的方式,部分还设置了最低限额(美国《1990 年油污法》)和最高限额(HNS 公约)。

2. 限额影响因素

在责任限额设定的几个技术问题中,如何科学地衡量责任限额的水平高低是个关键问题。责任限额的设置方法和依据应该考虑实际可能发生的内河船舶污染事故损害水平。目前,内河航运业的污染责任保险属于初始建设阶段,拥有的材料和事故索赔数据不足以支撑责任限制额度的精算。这主要是指保险商品保险经营以大数法则为数理基础,只有通过集合足够多的保险标的才能计算出合理的保险费率和合理限额。

但这不妨碍我们对限额水平进行分析,并且在计算设定过程中利用海上的相关数据或规定进行参考是可以理解的。限额设定的高低需要考虑受害人和保险人两方利益,取其平衡点,以这个平衡点作为调节手段。这需要从以下几个方面考虑。

(1)实际可能发生的损害和赔偿水平。

在衡量内河船舶污染损害水平的计算上存在两个问题:一是历史事故索赔数据较少;二是随着民众环保意识的提高,对损害索赔的深度和广度的变化趋势还会增加。

依据《1992 国际油污赔偿基金索赔手册》、CLC1992 公约和 FUND1992 公约支持的海上索赔内容主要包含清污和预防措施费用的索赔,财产损失的索赔,渔业、海水养殖业和鱼类加工业经济损失的索赔,旅游部门经济损失的索赔,防止纯经济损失措施费用的索赔,环境损害和溢油后研究的索赔,共计 6 个类型索赔。内河主要涉及的损害赔偿与海上损害类型类似,主要可以分为清污和防范费用、用水单位停水或替代用水损失、取水设备和船舶的清洗费用、旅游业损失、航运业停航或延期损失、养殖和捕捞业损失、水域环境恢复费用等几大类。从内河和海上水体使用功能的区别来看,内河侧重于水源利用和航运业发展,污染事故的发生对这两个类型造成的损失较大。

(2)保险限额应考虑保险公司承保能力和船东的权益。

责任限额的设置方法和依据还需要考虑到保险公司的承保能力。我国《保险法》第 103 条规定,保险公司对每一危险单位,即对一次保险事故可能造成的最大损失范围所承担的责任,不得超过其实有资本金加公积金总和的 10%;超过的部分应当办理再保险。保险公司的经营风险来自不同方面,对每一危险单位所形成的风险加以管理是一个关键环节。危险单位是指一次保险事故可能造成的最大损失所承担的责任。因为强制保险相较商业保险而言在赔偿概率、赔偿数额上均有较大提高,如果污染事故发生在保险期间内,并属于保险责任,保险公司是无条件予以赔偿的。建立强制船舶污染责任保险的目的在于为受害人提供及时、必要的救助,并非对受害人损失提供全面赔偿,如果责任限额设置过高,保险公司承保的压力过大,保费费率也将大幅高于商业保险的费率,这就影响了保险制度降低保费的初衷,因此责任限额不宜过大,应考虑到保险公司承保能力。如果一开始把保险限额设置过大或者设置的缺乏灵活性,会打消保险公司参与内河船舶污染责任保险的积极性,不利于内河船舶污染责任保险市场的发展。

另外,如果责任限额设置过低,一方面,会造成污染事故赔偿额度过小,而目前社会对环保的重视度逐渐增加,一般的赔偿要求也会逐渐增加,就使得这方面存在一定的矛盾;另一方面,太低的责任限额不利于保护船东的权益,对航运业的健康发展起不到促进作用。

(3)政策设计的目的性。

政策的制定中,应考虑是更重视环境资源的保护还是航运业的快速发展。提高限额有利于利用费率杠杠机制促使航运企业加强环境风险管理,提升环境管理水平,增强企业抗风险能力,同时也能够促进落后产能的淘汰;限额的提升同时也能够增强保护受害者的能力,减轻政府针对污染清除工作的资金负担。

3. 内河船舶污染损害责任保险限额分析

内河船舶污染损害责任保险责任限额大小的设定可参考国内外现行限额标准。

HNS 公约和《实施办法》——国际航线持久性油类(CLC 公约)设置对象均为国际航线船舶,均由 IMO 制定。参考两条曲线,有毒、有害物质船舶的限额和起始的变化幅度(折线的斜率)要大于持久性油类船舶,最大区别在于 5 万总吨,HNS 公约责任限额为 CLC 公约责任限额的 2.9 倍。而随着船舶总吨的增加,这两种责任限额的差距在逐渐缩小。

有两个设立原则：出于风险来考虑，有毒、有害物质船舶的限额要大于持久性油类；出于船舶类型不同来考虑，船舶总吨较小时有毒、有害物质船舶的限额要更大于持久性油类。我们在制定相关内河危险化学品船舶责任限额时，也可以做这样的考虑。

4. 限额建议方案

从以上分析来看，建议采用减少分段区间、改用随吨位增加的限额变化方式，具体如下：

(1)100 总吨以下的船舶，为 30 万元；

(2)101 总吨以上、500 总吨以下的船舶，除第(1)项所规定的数额外，每增加一吨，增加 5000 元；

(3)501 总吨至 2000 总吨的船舶，除第(2)项所规定的数额外，每增加一吨，增加 4000 元；

(4)2001 总吨至 10000 总吨的船舶，除第(3)项所规定的数额外，每增加一吨，增加 3000 元；

(5)10001 总吨以上的船舶，除第(4)项所规定的数额外，每增加一吨，增加 1000 元。

这种变化方式的曲线见图 5-6。

这么设置区间，是因为大部分内河液体散货船舶落在 101 ~ 500 总吨、501 ~ 2000 总吨、2001 ~ 1000 总吨 3 个区间内，数量较为接近，便于对这些区间进行统合设定；而 100 总吨以下船舶数量很少(6 艘)，可采用固定限额(30 万元)。而 HNS 公约采用的 2000 总吨的分级方式，也可以作为参考依据。

限额变化幅度与原方案比较变化不大，总体有少量提高。

5. 限额变动建议

法律法规的制定不能脱离现实而存在。1993 年《海商法》对限额的规定是在参考当时国际公约对承运人赔偿限额规定的基础上，结合当时国际社会物价水平以及我国航运业发展实际所做的规定，是20多年前的产物。在这20多年里，社会发展日新月异。而我国《海商法》自从实施至今，从未根据社会的发展及时做过修改。因此，《海商法》在责任限额规定上已脱离了当今社会的物价水平。《海商法》规定的船舶污染损害赔偿责任限制明显偏低，不能满足船舶污染损害赔偿的需求。

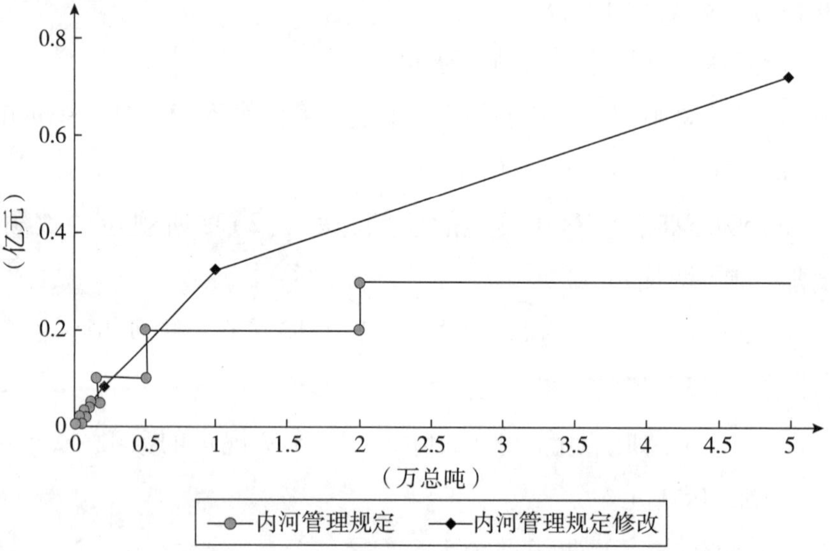

图5-6 原限额和修改后的变化情况

CLC公约和FUND公约在发展过程中前后3次提高了赔偿限额。因此，随着社会经济的发展和CPI（居民消费价格指数）的增长，责任限额逐步提高是一个必然趋势，立法上应该规定责任限制数额逐步提高的机制。在逐步提高高度危险责任限制数额的同时，应支持发展内河污染责任保险行业，通过保险制度实现高度危险责任的社会化。另外，考虑到我国内河航运业迅速发展和公民环境意识的迅速提高，内河船舶污染责任保险的限额不应长期固定不变。

因此，我们建议在相关内河船舶污染事故赔偿机制制定过程中，责任限额不能一成不变,可根据实际情况进行调整。考虑到通货膨胀等因素,应提高责任限额。比如每5年以法令的形式调整一次责任限额,由海事管理机构制定相关管理规定补充文件的形式进行颁布。具体的责任限额可随着GDP或者CPI的变化而定期调整。

5.3.4 对责任限制的免除条件

1. 采用责任限制免除的原因

权利是相对的,责任限制这项权利也是如此,它应该是所限制的权利。因责任人故意行为等原因造成的损害不同于因行业特殊风险所造成的损害,在海事赔偿责任限制制度下,如果对此类损害给予责任限制保护将有悖于责任限制制度的宗旨和法律公允。有关国际公约和各国国内法律均明确规定,无论是海事赔偿责任限制还是单位责任限制,责任人有故意行为或者过失,国内法所明确规定的其他过错行为,导致损害发生的,将丧失责任限制的权利。

责任限制是对严格责任的限制,如果船东或运营人对损害具有主观上的过错,则责任限制的权利将被排除。责任限制的免除与保险条款中的责任免除并不相同。责任免除是为了保护保险人的权益,指根据法律规定或合同约定,保险人对某些风险造成的损失补偿不承担赔偿保险金的责任。责任限制的免除只是在事故索赔过程中不进行责任限制的约束。法律法规应明确责任限制丧失的事由,借此威慑警示航运业中高风险从业者。既然责任限制与严格责任有关,如果责任人主观上故意造成油污损害或者扩大油污损害,将丧失责任限制的权利。

2. 责任限额免除的认定

在通常情况下,无论行为人有主观故意还是过失,或者过错程度大还是小,对于确定民事责任并无实际意义,民事责任一般取决于损害的有无或大小。但是在某些侵权法律关系中,法律对故意重大过失或一般过失所引起的侵权责任做出了区分。例如,有的侵权法律关系中,侵权行为人只有故意实施损害行为才承担赔偿责任。

《1976 年海事索赔责任限制公约》是通过协议确定关于海事索赔责任限制的若干统一规则的公约。其第一章第四条“不得享受责任限制的行为”规定:如经证明,损失是由于责任人本身为蓄意造成这一损失,或者明知可能造成这一损失而轻率地采取的行为或不为所引起,该责任人便无权限制其责任。《海商法》规定责任人有权限制其赔偿责任。但存在以前情况例外:第 59 条和第 209 条规定,如果经证明,引起赔偿请求的损失是由于责任人的故意或明知可能造成损失而轻率地作为或者不作为造成的,责任人无权请求责任限制。《船舶油污损害民事责任保险实施办法》和《防治船舶污染内河水域环境管理规定》中均没有对免除责任限制条件进行说明的条款。CLC1992 公约对 CLC1969 公约第五条做了如下修正:如证明该污染损害系由所有人故意造成或明知可能造成此种损害而毫不在意的个人行为或不为所致,则该所有人无权根据本公约限制其赔偿责任。美国《1990 年油污法》中船东丧失责任限额的条件参见第 2704 条(C)款的规定,发生以下情况,责任人将不得享受责任限制:第一,事故由责任人的重大过失或蓄意不当行为导致;第二,事故由责任人,或其代理人,或其雇员,或与其有合同关系的人因违反联邦安全建设或操作规则而导致;第三,在责任人知道或有理由知道事故发生的情况下,责任人没有或拒绝按照法律要求报告事故;第四,责任人没有或拒绝为清污活动提供合作与协助;第五,责任人在没有充分理由的情况下,没有或拒绝遵守政府根据有关法律签发的命令。

目前,部分内河航运船舶存在安全管理和安全意识问题。为了确保保险人和受害人的权益,避免主观污染事故发生,有必要在索赔责任限额条款中增加“不得享受责任限制”的内容，最低限度应避免对主观造成污染事故的案件设置赔偿责任限制。但不建议完全采用美国《1990年油污法》的责任限额免除条件，此条件较为苛刻，不利于保护航运业发。

5.3.5 责任限额的确定方式

从有关责任限制的国际公约和各国国内法的历史和现状分析，确定责任限额主要有委付制、执行制、船价制、吨位制（金额制）和混合制五种方式。

吨位制又称金额制，是以船舶吨位大小确定责任限额高低的方法。吨位制的最大优点在于计算方便，限额相对固定，不论事故前后的船舶价值如何，责任人均依该事故船舶的吨位大小来计算该次海损事故引起的损害赔偿责任限额，因此其赔偿责任限额是确定的，不会因船舶灭失或受损贬值而使受害人得不到合理的赔偿，更可以对人身伤亡索赔提供最基本的保障。虽然以船舶吨位计算责任限额可能会偏离船舶的实际价值，但是吨位制克服了船价制中船舶价值难以确定的问题，因而得到广泛采用。

吨位制使得船东的责任限额取决于船舶吨位而与船价相脱离，有利于船东为提高船舶适航能力而加强对船舶的维修保养，更新淘汰易发生事故的老旧船，促进对航运业的投入，保障航运安全。就责任保险而言，在事故发生之前依据船舶吨位确定船舶所有人的责任限额，有利于船舶所有人以较低的保险费向保险人投保责任保险，既节省投保成本，又可以明确保险人的保险责任，从而有利于责任保险的顺利开展。

6 保险费率的影响因素及定价原则

保险费是投保人按一定保险条件,为获取保险公司提供的保障而向保险公司交付的费用。保险费率即保险价格,是保险公司按单位保险金额,向投保人收取保险费的标准。

6.1 保险费率的特点

保险费率具有一些特殊性,主要表现在保险费率的厘定在承保发生之前,而一般商品的价格制定在成本发生之后。保险是根据过去的损失成本和费用成本制定现在的保险价格的,而事实上,现在的价格又是用来补偿将来发生的成本。因此,为了制定准确、客观的保险费率,需要保险公司获得足够的历史资料和数据。此外,保险费率的厘定受到较严格的监管,保险监管部门不仅具有核定费率的权利,而且还通过法律规定保险企业不能随意调整保险费率。不像其他商品的价格,由市场供求关系来决定,而且随着市场状况变化而进行随时调整。此外,在责任保险中,保险费率的高低还受保险责任大小的影响,投保人选择较低的保险责任时,支付的保险费相应偏低,选择较高的保险保障时,需支付的保险费相应较高。

6.2 保险定价原则

针对保险费率的上述特点,结合内河污染事故的自身特点,对保险进行定价时需要遵循一些特殊的原则，主要有以下几个原则。

补偿原则：保险的基本职能是提供经济补偿，保险人收取的保险费应能充分满足保险人履行保险赔偿责任的需要，以保障被保险人获得合理的补偿。目前，内河船舶造成的污染事故赔偿案例较少，依据现有案例来看赔偿水平较低。随着公众环保意识的提高和相关法规的到位，赔偿水平存在大幅上升的可能性。所以，在设计保险定价时，建议谨慎参考以往的保险赔偿案例，综合考虑内河污染涉及敏感资源的价值额度。

公平合理原则：根据保险标的的危险程度分配被保险人承担的保费。例如，全国沿海船舶油污责任保险的费率机制按照油污污染风险大小应该按照船舶类型分为载运持久性油类物质的油船、载运非持久性油类物质的油船、新造试航船舶和其他船舶；按照吨位分为500 总吨及以下、501 ~ 1000 总吨、1001 ~ 1600 总吨、1601 ~ 3000 总吨、3001 ~ 5000 总吨、5001 ~ 10000 总吨、10001 ~ 20000 总吨、20001 ~ 30000 总吨和 30001 以上总吨。

稳定灵活原则：参照我国沿海船舶油污责任保险的费率规章，在确定内河船舶污染责任保险基础保费的基础上，制定出适应特殊情况的保费调整因子（如船龄因子、货种因子、航线因子等），以确保保险费在稳定定价基础上又有灵活性。

6.3 保险定价因素

内河船舶污染损害民事赔偿责任保险的定价，需要根据内河船舶特点，考虑多方面因素进行定价。根据补偿原则和公平合理原则，将以下因素规定为定价因素。

船舶总吨：主要反映船舶的大小和收益能力，不同总吨船舶污染损害赔偿责任风险大小明显不同，且《海商法》《船舶油污损害民事责任保险实施办法》等法规中对于船舶污染赔偿责任限额的规定，均以船舶吨位指标进行划分，故船舶吨位是考虑保险定价的重要因素。

船舶类型：不同船舶类型具有不同的作业职能，在作业过程中所遇到的风险不尽相同，所以船舶类型是费率厘定的重要因素。

管理水平：船舶管理水平的高低直接影响船舶事故风险概率，应作为保险定价的重要参考。

赔偿限额：赔偿限额是责任保险中保险公司最高的赔偿额度，赔偿限额越高保险公司承担的风险越大。关于赔偿限额的讨论将在下一章展开。

风险程度：风险程度主要可以通过事故发生概率和损失程度两方面来反映，风险越高费率越高，反之风险程度越低费率越低。

政府政策：政府政策在一定程度上影响内河船舶的发展水平和发展方向，以及内河保险制度的实施效果，因此是保险定价考虑的重要因素。

采取投保模式：在保险市场上，不同的投保模式在一定程度上影响保险公司对费率的制定，如在自由投保模式下，投保人为单个船东，单位投保人投保规模较小，保险公司很难给予费率优惠；在统保模式下，所有船东共同投保，将投保规模捆绑，保险公司制定费率时会考虑规模效益，给予优惠费率。

另外，费率厘定还会参照已经实行的沿海船舶油污损害民事赔偿责任保险示范项目，将其定价机制作为基础，制定内河船舶污染责任保险费率机制，并经过长期的经营进行投保数据累积，再根据积累的历史数据，对费率进行不断调整，以保证费率符合内河船舶实际风险状况。

6.4 评价指标设定

6.4.1 权重指标的设定

在船舶污染事故概率风险评价指标体系建立完成后,由于这些指标对于整体的重要性程度不同,就要确定每个指标的权重,一般使用AHP(层次分析法)进行权重确定。AHP是对定性问题进行定量分析的一种简便、灵活而又实用的多准则决策方法。它的特点是把复杂问题中的各种因素通过划分为相互联系的有序层次,使之条理化,根据对一定客观现实的主观判断结构(主要是两两比较)把专家意见和分析者的客观判断结果直接而有效地结合起来,将一层次元素两两比较的重要性进行定量描述。而后,利用数学方法计算反映每一层次元素的相对重要性次序的权值,通过所有层次之间的总排序计算所有元素的相对权重并对其进行排序。

首先建立层次分析结构模型,按照船舶污染事故概率风险评价指标体系确定,分3个层次。由于大部分船舶污染事故概率风险评价指标属于定性指标,因此在确定评价指标权重的时候,采取专家打分的模式。收集30~60名相关船舶、海事、航运业及保险行业的专家对各项指标打分后,对每项取平均值,然后进行归一化处理。衡量尺度分为9个等级,在打分后计算每项指标的得分平均值,通过构造比较判断矩阵及使用矩阵运算的数学方法,确定相对权值。

保险费率影响因子的确定拟采用专家问卷打分的方式进行研究,问卷以确定自然条件、港口船舶、通航条件、海事监管以及历史溢油事故等方面在“内河船舶污染风险”中的作用为调查目标,采用

AHP进行分析。目的在于确定我国内河区域船舶污染风险各影响因素之间相对权重。比较方法采用1~9标度法。其中9、7、5、3、1的数值分别对应"绝对重要""非常重要""比较重要""稍微重要""同样重要"等级(见表6-1),8、6、4、2表示重要程度介于相邻的两个等级之间。

层次分析法1~9标度法 表6-1

标度	含 义	标度	含 义
1	同样重要	7	非常重要
3	稍微重要	9	绝对重要
5	比较重要		

6.4.2 指标权重的汇总

打分得出的数值仅是一组元素对其上一层中某一元素的权重值,即每一个主题层中各指标相对于自己主题层的权重,此外还要计算出船舶污染事故概率风险评价指标体系中的各个指标相对于目标层的权重,即最终是要得到各评价指标对总目标的相对重要性程度,特别是要得到最低层中各方案对于目标的排序权重,因而可以使用权重汇总的公式进行计算。

$$W = W(C_j) \times W(B(C_j)) \times W(A(C_j))$$

式中,$W(C_j)$是相对于其所对应的B因素而言,C_j的权重;$W(B(C_j))$是C_j所属的B因素相对于对应A因素的权重;$W(A(C_j))$是C_j所属再上层的A因素相对于总体目标的权重。

根据公式和以上船舶污染事故概率风险评价指标体系主题层的各指标权重值,可以把船舶污染事故概率风险各个指标进行汇总计算,得到相对于总的目标而言各指标的权重值。

6.5 权重计算结果

课题组共发出60份调查问卷,调查对象涉及航运公司、保险公司、海事管理机构和相关科研机构的工作人员,问卷覆盖行业领域较广,具有一定的针对性和合理性,具体调查对象见表6-2。

调查问卷发放具体明细表　　表6-2

类别	名称	调查人数
航运公司	中国长江航运集团南京油运股份有限公司	12人
	武汉江裕海运发展有限公司	10人
	中国远洋海运集团有限公司	5人
保险公司	阳光财产保险公司	1人
	中国大地财产保险股份有限公司	2人
	中国平安财产保险股份有限公司	3人
	华泰财产保险有限公司	4人
	世纪保险经济股份有限公司	1人
科研院所	南开大学	2人
	大连海事大学	1人
	武汉理工大学	2人
	交通运输部科学研究院	13人
	交通运输部环境保护中心	2人
海事部门	江苏海事局	2人

通过对60份调查问卷的分析整理,课题组运用yaahp软件(一种层次分析法软件)对调查结果进行运算分析。首先,建立层次结构模型,在准则层建立自然条件、通航条件、船舶港口、管理、历史污染事故、环境敏感度等模块对于"内河船舶污染风险"的相对重要性,再在各准则层模块下建立各自的指标模块,具体模型结构见图6-1。

构建完模型后,根据问卷调查结果在软件中输入相应的判断矩

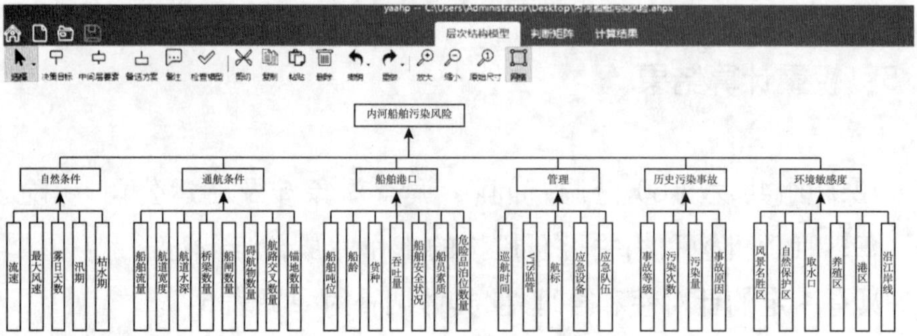

图 6-1　内河船舶污染风险影响因素层次结构模型

阵的数值,以中间层(准则层)各要素的判断矩阵为例,根据 60 份调查问卷统计结果整理得出:"自然条件"与"通航条件"相比,通航条件十分重要,故输入 1/7;"通航条件"与"船舶港口"相比,通航条件稍微重要,故输入 3,以此类推,依次输入相应数值,并调整数据一致性后,最终得出计算结果(见图 6-2)。

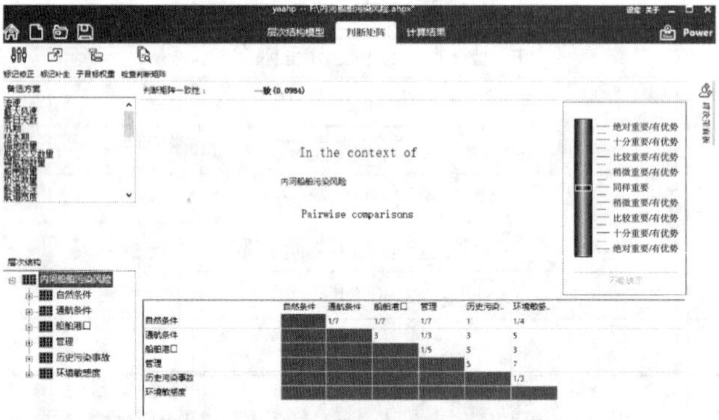

图 6-2　判断矩阵数值输入显示

根据结算结果可知,中间层要素(准则层)对内河船舶污染风险的权重为 1.0000,λ_{max} 为 6.6200,一致性比例 0.0984,小于 0.1,因此,该判断矩阵的一致性是可以接受的。在中间层各要素中,"管理"的权重最高,为 0.4458,其次是"通航条件",权重为 0.2434,"自然条件"的权重最低,仅为 0.0331。具体各项中间层要素相对“内河船舶污染风险”决策目标的排序权重见表6-3。

中间层中各要素对决策目标的排序权重 表6-3

中间层要素(准则层)	权重
管理	0.4458
通航条件	0.2434
船舶港口	0.1540
环境敏感度	0.0774
历史污染事故	0.0463
自然条件	0.0331

在各中间要素对应的指标层要素中,各自所占权重排序也不尽相同,“自然条件”相对于“内河船舶污染风险”的权重是0.0331,λ_{max}为5.4117,一致性比例0.0919,小于0.1,其中,“雾日天数”权重最高,为0.2706;“通航条件”相对于“内河船舶污染风险”的权重是0.2434,λ_{max}为8.8572,一致性比例0.0869,小于0.1,其中,“航道宽度”权重最高,为0.2343;“船舶港口”相对于“内河船舶污染风险”的权重是0.1540,λ_{max}为7.7851,一致性比例0.0962,小于0.1,其中“船舶安全状况”权重最高,为0.3379;“管理”相对于“内河船舶污染风险”的权重是0.4458,在中间层要素中权重最高,λ_{max}为5.2887,一致性比例0.0644,小于0.1,其中,“VTS(船舶交通服务)监管”权重最高,为0.2703;“历史污染事故”相对于“内河船舶污染风险”的权重是0.0463,λ_{max}为4.1155,一致性比例0.0432,小于0.1,其中,“事故原因”权重最高,为0.5255;“环境敏感度”相对于“内河船舶污染风险”的权重是0.0774,λ_{max}为6.4438,一致性比例0.0704,小于0.1,其中“取水口”权重最高,为0.2343。

根据中间层要素和指标层要素所占权重相乘,得出各项指标层对决策目标的权重排序,具体见表6-4。

指标层中各要素对决策目标的排序权重　　表6-4

序号	指标层	权重	序号	指标层	权重
1	VTS 监管	0.1205	19	桥梁数量	0.0146
2	航标	0.1072	20	船闸数量	0.0132
3	应急设备	0.1072	21	航道水深	0.0109
4	应急队伍	0.0806	22	污染次数	0.0097
5	航道宽度	0.0570	23	雾日天数	0.0090
6	船舶安全状况	0.0520	24	吞吐量	0.0078
7	船舶流量	0.0498	25	汛期	0.0076
8	船员素质	0.0464	26	污染量	0.0073
9	碍航物数量	0.0458	27	风景名胜区	0.0072
10	航路交叉数量	0.0354	28	最大风速	0.0072
11	巡航时间	0.0303	29	船龄	0.0057
12	取水口	0.0277	30	枯水期	0.0052
13	事故原因	0.0243	31	事故等级	0.0049
14	货种	0.0204	32	港区	0.0049
15	养殖区	0.0177	33	船舶吨位	0.0047
16	危险品泊位数量	0.0169	34	流速	0.0041
17	锚地数量	0.0169	35	沿江岸线	0.0031
18	自然保护区	0.0167			

从以上结果看，“管理”（权重0.4458）是影响我国内河船舶污染风险的首要因素，其次是“通航条件”（0.2434）和“船舶港口”（0.1540），而“自然条件”等环境因素（0.0331）排在最后。分析专家意见可知，这主要是由于内河航道船舶流量较大，航路交叉点数量较多，船舶安全状况、人员素质等都需要海事监管来作为通行安全的保障，没有监管的力度与手段，如VTS、应急设备、队伍等，船舶污染风险将大大增加。而“自然条件”因素相对不重要，主要是由于可以通过其他手段，如海事部门提前发布预警通告、设置警示标志、船员自身素质提高等，来最大限度地进行规避防范。

另外,通过所有指标层因素的权重总排序可以看出,前五位分别是 VTS 监管、航标、应急设备、应急队伍和航道宽度,而船舶吨位、流速、沿江岸线相对权重较低。以船舶吨位为例,在内河船舶运输中,虽然大吨位船舶一旦发生事故造成的污染量较大,但相对事故频率很低,而越是小吨位的船舶,越容易发生事故,小吨位船舶有不少是个体船舶,船员安全意识差,只顾多装、快运,因此超越、抢占航道等违章现象屡见不鲜,事故时有发生。因此,体现在船舶污染保险费率时,在基础费率前提下,船舶吨位越大,相应的费率越低。而一旦加强了船舶安全状况、提高船员素质、淘汰老旧船舶后,船舶吨位对于事故的发生概率而言其影响相对就不重要了。因此,在"船舶港口"中,"船舶吨位"相对于"船舶安全状况""船员素质""船龄""货种"等因素,其重要性相对较低,故在所有指标层因素的权重排序中排位靠后。

可见,"通航条件""船舶港口"等因素不是最重要的,人因即"管理"才是决定内河船舶污染风险的关键因素,想要降低我国内河船舶的污染风险,首先要提高海事监管能力,加强海事监管设备与手段,加大对应急设备和应急队伍的建设和投入,加强对船舶安全状况的检查力度,也要提高船员素质、加强其安全教育与技能培训,使其掌握一定的船舶污染防控知识,以便减小船舶污染事故的发生。

因此,保险公司在制定保险费率时,应充分考虑各项因子对内河船舶污染风险的影响权重。由于"管理"是定性指标,且涉及沿江多个海事监管部门,如何将其量化还需要进一步进行研究,而如"通航条件""船舶港口"等定量指标,可根据其相应的权重,来考虑内河船舶污染保险费率的设定。

6.6 保险费率计算方案

根据6.5小节的船舶污染损害风险的各项因子的权重结论，进行保险费率计算和评估。其中S(附加费率)与相同因子的W_i正相关。

在基础费率上，按照船舶污染事故风险等级进行差别对待，不同的风险等级，实行差别费率，就是在基础费率的基础上附加一个费率S，并确定一个浮动比例F，这种附加费率和浮动比例就可以体现船舶污染责任保险的公平和效率。通过这种方式也可使航运企业自觉地、有效地控制和管理船舶污染事故风险。

根据船舶污染事故概率风险评价指标体系和内部回报率模型能计算出航运企业具体的风险等级，如果企业想要降低自己缴纳的保险费，就要使自己的船舶污染事故概率风险等级降低。一般而言新成立的航运企业无过往船舶事故，但同时也缺乏相应的管理经验和运营经验，相对成熟的航运企业则风险等级偏高。而风险等级越高则附加费率越高，风险等级越低则附加费率越低。附加费率见表6-5。

保险费率附加费率表　　表6-5

风险等级	附加费率(S)	风险等级	附加费率(S)
第Ⅰ级	2%	第Ⅳ级	-1%
第Ⅱ级	1%	第Ⅴ级	-2
第Ⅲ级	0%		

船舶污染保险除了有附加费率外，还要建立浮动比例，可以参照汽车交强险的浮动比例来确定这个浮动比例。浮动比例可按照该航运企业上一年度发生船舶交通事故(含污染事故)的次数确定的，浮动比例从-30%～30%，上年度发生的船舶交通事故次数越多浮动

比例就越高,反之则越低(见表6-6)。保险费浮动比例的确定能促使航运企业进行风险防范,减少各类船舶事故发生。

保险费率浮动比例表 表6-6

浮动因素		浮动比例(F)
第Ⅰ级	上一年度发生三次及以上船舶交通事故	30%
第Ⅱ级	上一年度发生一次船舶交通事故	10%
第Ⅲ级	上一年度未发生船舶交通事故	0
第Ⅳ级	上两个年度未发生船舶交通事故	-10%
第Ⅴ级	上三个年度未发生船舶交通事故	-30%

航运企业实际缴纳的船舶污染责任保险费计算模型为:

$$P = M \times (1 + S) \times (1 + F)$$

式中,P是船舶污染责任保险最终保险费;M是船舶污染责任保险基础保险费;S是附加费率;F是浮动比率。

如果同时满足多个浮动因素,可按照向上浮动或者向下浮动比率的高者计算。

7 监管和促进机制

通常所说的保险监管是指一个国家对本国保险业的监督管理。一个国家的保险监管制度通常由两大部分构成:一是国家通过制定保险法律法规,对本国保险业进行宏观指导与管理;二是国家专门的保险监管职能机构依据法律或行政授权对保险业进行行政管理,以保证保险法规的贯彻执行。而本书中所指的监管并不涉及对保险行业的具体管理,是指在内河船舶污染环境强制责任保险这个领域内,海事管理部门和保险监督管理部门对投保人、保险人提出的要求和建议,培育保险市场以及促进内河船舶污染环境强制责任保险健康、快速发展的一些管理办法和促进手段。希望通过内河船舶污染环境强制责任保险监管和促进方式的建立和实施,促进投保工作的完成,监督保险证书是否符合法规要求,提高理赔的速度和合理性。

从目前发达国家环境责任保险制度的实际运行情况来看,环境责任保险承担的赔付金额过大,承保的范围又过窄,加上发展历史较短、经营管理方式还未成熟,经营此类保险的风险大大高于其他商业保险,需要政府的扶持。为了使环境责任保险稳步发展,环境污染责任保险需要由专门化的保险机构来承担,而且需要得到政府及其环保部门的有力支持。

7.1 相关国内外船舶污染责任保险的管理方式

7.1.1 CLC1992 公约中的船舶污染责任保险的管理方式

根据 CLC1992 公约第Ⅶ条规定:

“1. 在缔约国登记的载运2000吨以上散装油类货物的船舶所有人,必须进行保险或取得其他财务保证,例如银行保证或国际赔偿基金出具的证书等保证数额按第V条第1款中规定的责任限度决定,以便按本公约规定承担其对油污损害应负的责任。

2. 缔约国的有关当局在确信第1款的要求已获得满足之后,应向每艘船舶颁发一份证书,证明保险或其他财务担保根据本公约的规定确属有效。对于在缔约国登记的船舶,这种证书应由船舶登记国的有关当局颁发或认证;对于不在缔约国登记的船舶,证书可由任何一个缔约国的有关当局颁发或认证。

……

4. 证书应携带在船上,其副本一份应存放于保管该船登记记录的当局,或如该船不在缔约国登记,则应存放于颁发或认证此证书的国家当局。”

7.1.2 HNS公约中的船舶污染责任保险的管理方式

根据HNS公约,对所有人的强制保险做出了相关规定:

“第12条

1. 在一当事国中登记并实际运输有害有毒物质的船舶的所有人,须对按适用第9条1款中所述责任限额确定的金额进行保险或取得其他经济担保,如银行或类似金融机构的担保,以担保本公约规定的损害责任。

2. 当事国有关当局确定第1款的要求已得到符合后,应向每一船舶颁发一份强制保险证书,证明保险或其他经济担保按本公约的规定是有效的。对于在当事国中登记的船舶,应由船舶登记国的有关当局颁发或签证此种强制保险证书;对于不在当事国中登记的船舶,可由任何当事国的有关当局颁发或签证此种证书。

……

4. 强制保险证书应携带在船上，一份副本应交存保管船舶登记记录的当局，或者，如果不是在当事国中登记，交存发证或签证国的当局。

5. 保险或其他经济担保，如果在向本条第4款所指的当局送交终止通知书之日起满3个月以前，可因非第2款所述证书上规定的该保险或担保的有效期限届满的原因而终止，则不符合本条的要求，除非在所述期间内已颁发强制保险证书。上述规定应同样适用于造成保险或担保不再符合本条要求的任何修改。

6. 船舶登记国应以本条规定为准，确定强制保险证书的颁发条件和有效性。”

7.1.3 《海商法》中的船舶污染责任保险的管理方式

《海商法》第二十二条第五款对此作出了相关规定：

“（五）船舶在营运中因侵权行为产生的财产赔偿请求。

载运2000吨以上的散装货油的船舶，持有有效的证书，证明已经进行油污损害民事责任保险或者具有相应的财务保证的，对其造成的油污损害的赔偿请求，不属于前款第（五）项规定的范围。”

7.1.4 海上油污责任民事保险中的船舶污染责任保险的管理方式

根据《船舶油污损害民事责任保险实施办法》，对船舶油污损害民事责任保险证书的管理做出了如下规定：

“第四章　船舶油污损害民事责任保险证书

第十三条　中国籍船舶投保船舶油污损害民事责任保险或者取得其他财务保证之后，应当按以下规定向船籍港所在地的直属海事管理机构申请办理相应船舶油污损害民事责任保险证书：

（一）载运持久性油类物质的船舶，应当办理《油污损害民事责任保险或其他财务保证证书》；

（二）1000 总吨以上的载运非持久性油类物质的船舶，应当办理《燃油污染损害民事责任保险或其他财务保证证书》和《非持久性油类污染损害民事责任保险或其他财务保证证书》；

（三）1000 总吨以下的载运非持久性油类的船舶，应当办理《非持久性油类污染损害民事责任保险或其他财务保证证书》；

（四）1000 总吨以上的载运非油类物质的船舶，应当办理《燃油污染损害民事责任保险或其他财务保证证书》。

……

第十五条　海事管理机构应当对申请材料进行审核，对符合本办法规定的，在受理之日起 7 个工作日内，向船舶签发相应的船舶油污损害民事责任保险证书。

……

第十六条　船舶油污损害民事责任保险证书不得伪造、涂改，并应当随船携带，以备海事管理机构查验。

……

第十八条　海事管理机构应当加强对船舶油污损害民事责任保险证书、保险单证或其他财务保证证明的查验。”

依据《中华人民共和国海事局关于启用新版油污损害民事责任保险证书的通知》（海危防〔2014〕543 号），新版油污损害民事责任保险证书包括：油污损害民事责任保险或其他财务保证证书（国内沿海航行船舶)、油污损害民事责任保险或其他财务保证证书(国际航行船舶)、燃油污染损害民事责任保险或其他财务保证证书(国内沿海航行船舶)、燃油污染损害民事责任保险或其他财务保证证书(国际航行船舶)和非持久性油类污染损害民事责任保险或其他财务保证证书,共五种。

7.1.5 美国《油污法》中的船舶污染责任保险的管理方式

根据美国《油污法》第一章油污责任与补偿(TITLEI—OIL POLLUTION LIABILITY AND COMPENSATION)中第1016节财务责任(SEC1016FINANCIAL RESPONSIBILITY)中的相关规定:

(i)UNIFIED CERTIFICATE.—The Secretary may issue a single unified certificate of financial responsibility for purposes of this Act and any other law.

(政府机关可依据本法及其他法律的要求,颁发一个统一的财政责任证明书)

7.1.6 小结

各主要船舶污染责任保险制度中关于证明文件的种类、签发单位和管理方式见表7-1。

总的来看,证明文件中的种类主要为保险单或财务担保证明的副本,或对以上文件取得情况和有效性的认可证书。除《防治船舶污染内河水域环境管理规定》需要保单和财务证明外,其他法规制度均需要认可证书。

证明文件的种类、签发单位和管理方式 表 7-1

法规		证明文件	签发单位	管理方式
《海商法》		有效的证书,证明已经进行油污损害民事责任保险或者具有相应的财务保证的	—	—
《船舶油污损害民事责任保险实施办法》	国际航线载运持久性油类	油污损害民事责任保险或其他财务保证证书	所在地的直属海事管理机构	海事管理机构负责这些证明的查验
	国际航线载运非持久性油类.以及 1000 总吨以上载运非油类物质	燃油污染损害民事责任保险或其他财务保证证书和非持久性油类污染损害民事责任保险或其他财务保证证书		
	国内海上航线			
《防治船舶污染内河水域环境管理规定》		船舶污染损害民事责任保险单证或者财务担保证明的副本	—	船上携带,海事管理机构上船检查
美国《1990 年油污法》		统一的财政责任证明书	政府机关	—
HNS 公约		向每艘船舶颁发一份证书,证明保险或其他财务担保根据本公约的规定确属有效	缔约国的有关当局	证书应携带在船上,其副本一份应存放于保管该船登记记录的当局
CLC 公约				

7.2 政府监管和促进模式

7.2.1 颁发证书

由表7-1可以看出,大部分法规需要船舶取得保证证书,证明其责任保单和财务证明的有效和合法性。证书的颁发单位主要为政府的行政管理部门。依据《船舶油污损害民事责任保险实施办法》,海上船舶参保证书的颁发单位为海事管理机构(所在地的直属海事管理机构)。但《防治船舶污染内河水域环境管理规定》规定内河参保船舶不需要取得政府部门颁发的证书。

要求船舶取得证书的主要是国际公约和国际公约有关的国内法规。由于保险公司数量众多和保险条款的复杂性(还包括语言上的问题),当事国对外籍船舶的污染损害民事责任保险单证或者其他财务保证证明是否符合要求、保险公司的资质是否能够达到要求给予认可。故需要国际航线船舶所在国籍的政府机构(在我国为海事管理机构)进行审核和认可。这样做带来的益处主要有以下两方面。

(1)提高检查效率。由于保证证书具备英文文本,便于不同国家管理机构对船舶保险和财务担保情况进行检查。证书文本相对简单,由于已经受到船籍国政府机构的审查核验,其真实性与可靠性有保证。故对证书的检查效率要高于对保险和财务担保文本的检查。

(2)便于对船舶投保情况进行管理。政府机关对申请保险或其他财务保证证书的船舶进行材料审核和录入。便于了解船舶的投保、取证和是否过期等情况。在发生船舶污染事故后可以快速调出资料,直接与保险人取得联系。

证书的管理有利于政府机关对船舶投保情况进行调查和管理。针对没有按照法规要求取得证书的船舶可以直接进行管理、处罚等。

7.2.2 现场查验

针对船舶污染责任保险现场检查的主要内容为保险证书、保险单证或其他财务保证证明等文件。日常的现场查验工作主要由海事局下辖海事处或执法大队负责。

《船舶油污损害民事责任保险实施办法》第十八条要求："海事管理机构应当加强对船舶油污损害民事责任保险证书、保险单证或其他财务保证证明的查验。"CLC公约和HNS公约要求证书应携带在船上，其副本一份应存放于保管该船登记记录的当局。对证书的查验减轻了公务人员的工作强度，提高了工作效率，确保了查验的覆盖面和公平性。

由于保险条款的复杂性、文书的多样性，甚至保险类型（比如作为附加条款出现）均可能不同，因此对保险证书的现场查验要复杂得多。由于缺少对保险单证或其他财务保证证明等文件检查内容的具体要求，公务人员在现场查验中主要查验的是证书日期、是否达到法定额度以及与船舶信息的对应性。另外，现场查验属于现场执法，不可能长期对全部船舶进行查验，故存在一个覆盖面的问题。由于现场检查的特殊性，不可能覆盖所有需要取得保单和财务担保的船舶，这就为少数船舶钻空子提供了条件。

所以整体来看，针对船舶污染责任保险现场保险单证或其他财务保证证明等文件的查验比检查保险证书更为复杂和花费时间，且存在小部分船舶不缴纳保险逃避检查的可能性。怎么设计管理方式来避免或减少此类情况的发生是提高制度实行效果的重要体现。《防治船舶污染内河水域环境管理规定》中对处罚提出了要求："第五十六条　违反本规定第四十四条，船舶未按规定投保船舶污染损害民事责任保险或者取得财务担保证明的，或者未随船携带船舶污染损害民事责任保险单证或者财务担保证明的，由海事管理机构责令限期改正,并处以一千元以上五千元以下的罚款。”目前来看,这个罚款的额度与保险金相比太少,处罚力度过弱,很难起到惩戒作用。再加上内河船舶污染责任保险主要采用现场查验方式,预计会有部分小型内河船舶逃避参与保险,或者说制度设计为不愿参与强制保险的船舶所有人提供了逃避条件。

《船舶油污损害民事责任保险实施办法》第十九条:“有下列情形之一的,由海事管理机构责令改正,并处 1 万元以上 5 万元以下的罚款;拒不改正的,责令停航、禁止进出港或者过境停留,并处 5 万元以上 25 万元以下的罚款”。并且明确列出属于违反法规的具体内容。

由表 7-2 可以看到,《防治船舶污染内河水域环境管理规定》(征求意见稿)中关于船舶污染责任保险的管理方法基本大项具有近似设定。但在正式颁布的《防治船舶污染内河水域环境管理规定》(2016 年 5 月 1 日生效)删去了该项内容。

证明文件颁发、查验和管理的对比 表 7-2

法规	证明文件	现场管理方式	查验内容	处罚原因	处罚方式和额度
《船舶油污损害民事责任保险实施办法》	颁发	查验	担保证书等	未按规定投保或取得财务担保证明的(未取得,伪造、涂改,责任保险证书超过有效期,保险证书与船舶实际情况不相符),责任保险或财务保证的额度低于规定的	1 万元以上 5 万元以下的罚款;拒不改正的,责令停航、禁止进出港或者过境停留,并处 5 万元以上 25 万元以下的罚款
《防治船舶污染内河水域环境管理规定》	不颁发	没有明确提及	保险单证或者财务担保证明的副本	未按规定投保或取得财务担保证明的,或未随船携带的	处以 1000 元以上 5000 元以下的罚款

建议在保险的相关管理规定中能够明确该项内容，为管理和执法提供依据。

7.2.3　对保险人的管理

对保险人进行审核的目的是提高市场准入门槛。海事管理机构进行证书颁发便于对保险公司资质的审核，提高船舶污染责任保险市场中保险公司的质量和保单的信誉度。《船舶油污损害民事责任保险实施办法》中第三章“船舶油污损害民事责任保险机构”对保险人提出了符合性要求，并由国家海事管理机构进行核实并向社会公布。目前为止，中国海事局公布过2008—2013年的中国籍船舶油污损害民事责任保险机构名单。

根据《国务院关于取消和下放一批行政审批项目等事项的决定》（国发〔2013〕19号），中国海事局取消了“承担船舶油污损害民事责任保险的商业性保险机构和互助性保险机构的确定和公布”这项海事行政许可项目。凡是能够承担责任保险工作的保险人在符合保监会管理要求下，均可开展船舶污染责任保险工作。这次行政审批项目的取消与保监会是保险监督管理的主体的法律要求相一致。但中国海事局不再对“承担船舶油污损害民事责任保险的商业性保险机构和互助性保险机构”进行审查工作，其颁布的担保证书的效力会有所降低。

《防治船舶污染内河水域环境管理规定》（征求意见稿）并未对保险机构的资质进行要求。对保险人的管理主要体现在以下条文中：“从事船舶污染损害民事责任保险的保险机构应当依法履行赔付义务。拒不履行赔付义务的，海事管理机构对其签发的船舶污染损害民事责任保险单证或者其他财务保证证明不予认可”（正式稿中已经删除）。这条可以理解为变相地对保险人资质进行要求和审核,有利于规范船舶污染损害责任保险市场、提高执法效率。但法规留下的执法空间较大,为执法者提供了很大的自由裁量权。同时,条款在执行过程中可能会遇见一些问题,造成难以执行困难。鉴于保险行业的复杂性和船舶污染损害评估的复杂性,很难对一起事故发生后的索赔条件、赔偿额度、证据支持等进行合法性判断,也就很难证明保险公司是否“拒不履行赔付义务或执行赔付义务不充分”。另外,海事管理机构对某些保险公司的船舶污染损害民事责任保险单证不予认可,是针对某一分公司还是整个公司,是针对我国某一区域还是整个内河,是否要建立黑名单及限制认可的期限怎样确认。如果此条文成为正式法规,那么这些都是需要进一步探讨并解决的问题。

7.2.4 未来相关法规建议

(1)为了提高查验执法的效率,建议明确或加强以下内容:

①明确现场管理的方式方法;

②补充处罚原因,增加对责任保险或财务保证的额度低于规定的和时间过期的处罚;

③提高处罚金的额度(建议提高到5000~50000元),或提供其他处罚方式。

(2)建议设置以下条款:“国家海事管理机构设立保险人黑名单制度。在生效的法院判决、仲裁裁决书或仲裁调解书规定的履行期间届满后拒不执行,未向所承保船舶赔付从事船舶油污损害民事责任保险的保险机构有下列情形之一的,自发现之年次年起三年内海事管理机构对其签发的船舶污染损害民事责任保险单证或者其他财务保证证明不予认可。”

7.2.5 信息公开

1. 信息公布

内河船舶污染民事责任保险作为全新的保险，要科学、合理地制定保险方案就需要大量风险数据的累积，故有必要搭建行业性的信息化数据平台对保险数据进行系统化的收集，以便建立详细的数据库对费率开展科学、准确的厘定。另外，针对这一新兴保险险种，未来可采用统一征信平台，并建立守信激励和失信惩戒机制，完善失信信息记录和披露制度，使失信者在保险市场交易中受到制约。

建议信息化平台可公布以下内容。

(1)参加船舶污染责任保险的企业(船东或承租方)信息和船舶信息——由企业填报：

①船东或承租方的名称、规模、资质等，以及联系方式；

②投保船舶的简介，包括船舶类型、吨级、船况、主要货种、运输航线等台账信息；

③船舶投保情况(船舶投保时间、到期时间、责任限额等)，保单(去除敏感信息)复印件。

(2)管理机构的惩罚奖励措施——由海事管理机构填报：

①对按照法规要求需投保的企业和船舶公示；

②对不符合《防治船舶污染内河水域环境管理规定》中关于船舶投保规定的企业及惩罚措施公示；

③发生过船舶污染事故的企业名单，以及拒不执行已生效的环境行政处罚决定的企业名单。

(3)海事管理机构发布内河航线风险预测报告及相关判断风险信息。

2. 配套文件

建议制定《内河船舶污染责任保险信息披露管理办法》等有关规定，全面、准确地公开与内河船舶污染责任保险有关的保险产品经营等相关信息。

7.2.6 第三方损害评估机构的建立

船东除了关心船舶污染责任保险的费用、方便程度，还关心在事故后是否能够得到保险公司及时和合理的赔付。由于船东对保险条款和计算掌握较少，同时缺少技术力量对风险和损害进行预测和计算，易受到保险条款的制约。一旦出现大型污染事故造成重大损失时，较难对自身的合法权益进行维护。

传统意义上的公估人（或机构），面对目前的环境修复费用、渔业损失和纯经济损失的计算方面，存在一定的技术难度。故应在海事管理机构的指导下，由独立的社会机构进行专业化评价，形成第三方损害评估机构建立标准，使得损害评估在公开、公正的条件下进行，维护双方利益，提高赔偿速度，促进内河船舶污染责任保险业发展。

目前，环境污染事故损害经济赔偿，有环保部制定的两批推荐机构目录。但环境损害与船舶污染损害从损害主体、赔偿标准、上位法规等方面有一定区别。2016 年，海事科技项目将“船舶油污染事故鉴定机构标准研究”列入研究内容之一，是管理机关对第三方损害评估机构建设重视的一种体现。

7.3 商业运作模式

为了实现《防治船舶污染内河水域环境管理规定》的具体要求，还需要通过外围建设来提高内河船舶污染责任保险的服务水平，实现制度政策创新和管理服务水平的提高。

7.3.1 现有投保模式

1. 自由投保模式

自由投保模式是指船东根据自身投保需要，自行向保险公司投保污染损害民事赔偿责任保险或涵盖相同保险责任的保险产品，对污染损害赔偿责任进行保障，并在出现保险事故时自行向保险公司进行索赔的模式。

2. 统保模式

(1)制定全国统保示范产品。统保示范产品，不再是依附于内河船舶险的附加条款，而是独立的主险产品，在保险责任、责任限额和理赔服务等方面可以更好地满足有关法律法规的要求。同时，针对实务中经常出现的新造船舶试航、船舶交易、船舶融资、船舶改造、船舶使用性质变更、保费分期等特殊需求，在统保示范产品中添加专门的条款或制定专门的附加条款，以更好地满足船东的保险需求。

(2)完善服务网络。建议依据内河船舶分布情况，在全国五大主要内河水系及船舶分布集中的城市设立船东服务中心，为船东提供便捷的承保、理赔服务。参考我国沿海船舶油污损害民事责任保险统保示范项目的服务模式，由经纪公司和保险公司共同为当地船东提供除了网络和电话服务之外的上门统保服务。

(3)统一投保服务流程。建议制订一套包含投保单填写、提交投保材料、核保、缴费、出单的完整投保内河船舶污染责任保险的流程，提供船东在服务中心现场投保、网上投保等多种投保方式，实现各流程之间的无缝衔接，提高船东投保的效率，方便海事主管机关的管理和调控。

(4)统一理赔服务流程。由于我国船舶污染责任险开展的历史较短，绝大多数保险公司缺乏处理船舶污染事故的经验，现在各保险公司的污染事故处理都受制于海外的再保险人，没有形成自己的理赔流程。随着沿海船舶污染责任保险统保示范项目的运行，内河船舶污染责任保险的理赔服务流程也需要进行统一和规范。

7.3.2 内河保险风险分散模式

内河船舶污染具有"易扩散、难清理、损失大、影响广"的特点，船舶一旦发生污染事故经常导致巨额的索赔，给船东带来巨额财产损失，故需要以共同保险和再保险的模式对风险进行分散。

共同保险模式是指对于船舶油污污染损害民事赔偿责任保险，指定多家保险公司组成共保体，对保险责任进行共同承保的模式。此种模式可以充分调动保险行业的力量，转移内河污染风险，提高保险公司经营稳定性。同时，通过了解全国沿海责任险统保示范项目和辽宁、江苏的统保试点，发现采用统一的共保机制有利于消除保险市场中存在的恶性价格竞争问题，维护市场的稳定；有利于保险公司节约展业与运营成本；有利于形成我国自己的船舶污染责任险的数据管理，实现船舶污染责任险的科学定价。

再保险模式是指由一家保险公司对船舶污染损害民事赔偿责任保险进行承保，为提高保险公司经营的稳定性，通过签订再保险合同将所承保的风险向其他多个保险人进行分散，以此加强对风险的承担能力。对于污染事故可能带来的巨额赔偿，还可以采用再保险模式进行转移。

共同保险与再保险均具有分散风险、扩大承保能力、稳定经营成果的功效。对于内河船舶污染损害民事责任风险，建议使用共同保险和再保险组合模式进行保险，即先组织保险公司组成共保体，进行共同保险，对风险进行初次分散，再根据各公司财务状况和风险承担能力，安排再保险，将风险进行二次分散，以将风险最大化分散，充分确保承保公司经营的稳定性和对风险承担的能力。

7.3.3 理赔服务模式

建议根据内河污染事故理赔工作的实际需要，参考沿海船舶油污责任险统保示范项目和辽宁、江苏统保试点工作的经验，建立以担保机制、保险预付赔款机制、第三方纠纷调解机制组成的内河污染事故保险应急机制。

1. 担保机制

为防止污染事故发生后，出险船舶或货物被扣押，需要建立担保机制，在保单赔偿额度内，为出险船舶进行担保申请，组织承保公司作为担保人，保证船舶的正常运营。

2. 预付赔款机制

预付赔款机制是指保险人收到被保险人或者受益人要求赔偿或者给付保险金的请求的相关证明、资料后，对其赔偿或者给付保险金的数额在短期内不能确定的，应当根据已有证明和资料可以确定的最低数额先予支付，金额以责任限额的50%为限，待保险人最终确定赔偿或者给付保险金的数额后，应当支付相应差额的制度。

我国《保险法》第26条规定，保险人自收到赔偿或者给付保险金的请求和有关证明、资料之日起60日内，对其赔偿或者给予保险金的数额不能确定的，应当根据已有证明和资料可以确定的最低数额先予支付；保险人最终确定赔偿或者给付保险金的数额后，应当支付相应的差额。

鉴于内河污染事故具有污染范围迅速扩散、受害范围广等特点，污染损害程度的最终确认和损失金额的界定，均需要较长周期，建议内河船舶污染责任保险在推行过程中落实预付赔款机制，保证将赔款金额尽快落实到污染受害人手中,向受害人提供及时的补偿。

3. 第三方纠纷调解机制

目前,国内还没有建立统一的、科学的损害赔偿评估方法和事故责任认定机制,这给内河船舶污染事故发生后的清污费用等的结算及损害赔付的计算带来不小的困难,并且保险人与被保险人之间经常为赔偿金额的多少产生纠纷。建议引入保险公估机构、污染鉴定机构、法律顾问、海事咨询机构、科研院校等其他第三方专业机构,参与到内河船舶污染责任保险推广过程中的事故理赔服务和纠纷调解工作中,向海事主管机关和保险公司提供专业的公估和鉴定意见。探索建立以第三方调解为主的污染责任险纠纷调解机制,处理好投诉纠纷,维护投保人的利益。

4. 应急垫付机制

由于水的流动性、船舶的移动性决定了水上船舶污染不可能局限在或固定在某一点而静止不动,一次内河污染很可能波及多个水域,随着时间的推迟,清污工作的难度会逐渐加大。因此,清污资金的尽快到位以及对污染范围的迅速控制是内河污染事故发生之后的首要工作。为应急救助和清污需要的应急垫付机制的运用成为推行实施内河船舶污染责任保险过程中的一项重要工作。

应急垫付机制是以专项保证金的形式实现,根据船东需要,从保险公司收取的保费中提取一定比例,存入特定的应急垫付机制专项保证金账户。当被保险船舶发生污染事故时,为了应急救助和清污需要,被保险人可以提出使用预付应急费用的申请。用于垫付的应急费用额度经审批后,从专项保证金中支出,最高额度以专项保证金账户中当时的额度为限。

专项保证金是应急垫付机制的基础。资金额度应设有最低限额和最高限额。当专项保证金额度达到最高额度时,停止提取;当实际提取金额低于按比例计算应提取金额且累计余额不足最高额度时，应予以补足。第一年年未使用完额度向下一年累计滚存。预付应急救助费用使用限额以事故发生时已累计应急基金额度为限。保险公司在对保险船舶进行赔付时，应在赔款中扣除已预付的应急救助及清污费用。

5. 完善并提升保险服务水平

一方面，保险公司要不断优化船舶污染保险方案，控制投保金额、放大责任限额、增加对船舶有利的保赔项目，例如保赔的水域范围应该包括投保航次的航行的水域，最大限度地保障船东的利益，保险航程全覆盖对广大船东有着现实意义，必将明显提升船舶投保率。

另一方面，当船舶发生污染、沉船或人员伤亡等事故时，保险公司要第一时间介入，积极提供救助资金保障，相关损失要得到及时赔付，让船东切实感受到船舶污染责任保险是利的。通过典型的保险赔偿救助案例，加大宣传，扩大影响，让船舶污染责任保险深入船民心里，促进船东投保。此外，保险公司要增加海事基层站点的投保点，方便船民投保，对船舶购买年度保险的，更是要及时响应，快速办理，做到服务热情、周到。

7.3.4 互保模式

保赔保险协会又称保赔协会（P&I），它是由船东们自愿成立的一种互相保险的组织，其会员各自交纳保险费，共同分担各个会员所应承担的船东责任的损失赔偿额。保赔协会的会员，既是投保人，又是承保人。保赔协会承保一般保险人所不承保的，有关船舶的风险，主要是船东对第三人的赔偿责任。保赔协会作为船东之间相互保险的互助性组织，不以营利为目的。仅由十几家保赔协会组成的国际保赔协会集团所承保的船舶吨位就占世界远洋船队的90%以上。

中国船东互保协会(简称中船保)成立于1984年,截至2012年2月会员发展到146家、船舶3133万总吨,加入的船舶数量为1112艘。据交通运输部公布的数据,我国2011年拥有远洋运输船舶2494艘,从船舶数量上看,除20%的大陆外入会船舶,中船保约占中国大陆30%的市场份额。

依据《中华人民共和国防治船舶污染内河水域环境管理规定》第十一条:"通过内河运输危险化学品的中国籍船舶的所有人或者经营人,应当向在我国境内依法成立的商业性保险机构和互助性保险机构投保船舶污染损害责任保险。"内河危险化学品运输船舶及航运公司参加保赔保险协会,实现内河船舶污染责任保险是十分必要和可行的。但目前存在的问题是互助性保险机构设置的入会条件较为苛刻,针对内河船舶来看,能够达到相应标准的较少。建议:①审慎放宽船舶所有人入会条件,在促进协会发展的同时也将促进我国内河航运事业发展;②建立新的适应内河保险市场的保赔协会,提高保赔协会竞争力,适应保险市场的客观需求。

7.4 责任保险制度需完善的工作

环境污染责任保险涉及环保部门、保险监管部门、行业主管部门、保险公司、投保企业等,这就需要建立和完善环境污染责任保险制度,做到:明确环境污染责任保险的投保主体;建立环境污染事故勘察、定损与责任认定机制;环保部门制定环境污染事故损失核算标准和相应核算指南;建立规范的理赔程序;提高环境污染事故预防能力。

8 总结

本书着重调查分析了我国内河航运现状、国内外现有的船舶污染损害赔偿机制、环境污染强制责任保险的相关内容；提出了内河船舶污染保险条款的建议内容；分析了保险费率的影响因素及定价原则，提出了保险费率计算方案；对强制保险责任限额的影响因素和确定方式进行了分析，并对危险化学品船舶责任限额提出了建议；提出了责任保险的监管和促进方式。

内河船舶污染责任保险本身涉及问题庞杂。本书较全面地评估分析了内河船舶污染责任保险研究中存在的问题，并对重点问题进行了梳理、分析和建议。

（1）内河保险机制的建立是法律法规的要求，《危险化学品安全管理条例》《防治船舶污染内河水域环境管理规定》均对为内河运输危险化学品船舶提出了参保要求；同时，内河保险机制的建立是内河环境特点的要求。

（2）由于内河和海上的上位法不同，内河保险机制与沿海船舶污染赔偿制度目前应是两套机制，内河保险机制应单独设置，不具备完全照搬沿海制度的可能，但可互为借鉴。

（3）非强制商业保险无法满足内河污染责任保险的建立目的，需要建立内河船舶污染损害强制保险制度，且应实行赔偿责任限制制度。时机成熟后，可考虑建立内河船舶污染损害赔偿基金制度。

（4）本书主要研究了对内河船舶污染保险条款，对内河船舶污染责任保险的定义、内河船舶损害民事责任保险的性质、保险损害赔偿的原则以及保险的承保内容进行了分析阐述。

(5)本书中还研究了保险费率的影响因素及定价原则。针对保险费率的特点提出了保险定价原则及保险定价因素。设置评价指标设定,进行保险费率评价指标权重的计算,完善保险费率计算方案。

(6)参保范围方面,建议现阶段应以现有法律为准则,依据《危险化学品目录》,对运输危险化学品内河船舶开展强制保险;未来视执行情况,对相关法律进行修订,将强制保险范围扩充至《危险货物品名表》。

(7)针对内河船舶污染损害责任保险的保险限额问题,建议采取以下方式:

①设置区间,100 总吨以下的船舶,为 30 万元;101 ~ 500 总吨以下的船舶每增加 1t,增加 5000 元;501 ~ 2000 总吨的船舶,每增加 1t,增加 4000 元;2001 ~ 10000 总吨的船舶,每增加 1t,增加 3000 元;10001 总吨以上的船舶,每增加 1t,增加 1000 元;

②随着 GDP 或者 CPI 变化,每五年以法令的形式调整一次责任限额;

③增加“免除对主观造成污染事故的案件的赔偿责任限制”的条款。

(8)目前,法律法规与现阶段内河船舶污染损害责任保险之间尚存在几个缺乏衔接的环节,因此针对目前的法律法规突出做以下修改及制定的建议。

①《防治船舶污染内河水域环境管理规定》建议在配套的保险管理规定中能够明确船舶污染责任保险管理方法的内容,为管理和执法提供依据。

a. 为了提高查验执法的效率,建议明确或加强以下内容:明确现场管理的方式方法;补充处罚原因,增加对责任保险或财务保证的额度低于规定的和时间过期的处罚;提高处罚金的额度(建议提高到5000~50000元),或提供其他处罚方式。

b. 参考第七条设置责任限额。

②修订《水污染防治法》,明确船舶责任保险、责任保险限额以及责任保险参保范围,将强制保险范围扩展至《危险货物品名表》。

③未来推动制定《船舶污染法》,覆盖我国海上及内河水域,解决主要类型船舶污染损害赔偿机制的建设和运行问题,解决海上及内河相连接的问题,解决参与赔偿机制船舶限制问题、责任限额问题等。

参考文献

[1] 于敏,刁俊昭,牛文彬. 欧盟最新内河航运政策及借鉴[J]. 水运管理,2012,34(8):35-38.

[2] 孙善豹,刘飞,王天禹. 内河交通事故责任确认与处理法律制度研究[C]//中国航海学会内河海事专业委员会第七届委员会委员大会暨2012年学术交流会论文集.2012.

[3] 刘鄢立. 长江危险品运输事故原因分析及对策[J]. 武汉船舶职业技术学院学报,2011,10(3):15-17.

[4] 史先召,郭彦飞. 内河散装化学品运输风险防控探讨[J]. 世界海运,2012,35(10):22-23.

[5] 吴桐林. 海船进江与安全要素分析[C]//海船进江与航行安全保障论文集.2003.

[6] 刘云飞. 如何确定交通事故赔偿责任主体[C]//规划·规范·规则——第六届中国律师论坛优秀论文集.2006.

[7] 彭宏恺. 长江散化船现状与安全管理控制[C]//2011年度海事管理学术交流会优秀论文集.2011.

[8] 颜惠民. 内河散化船安全事故的成因透析[J]. 安全生产与监督,2005(1):36-37.

[9] 王致维. 长江危险品船舶交通事故应急力量研究[D]. 武汉:武汉理工大学,2011.

[10] 范文. 浅谈长江水系内河危险品货物船舶运输安全管理现状与对策[J]. 中国水运,2007,5(10):18-19.

[11] 马定国. 长江危化品泄漏事故应急物资调度研究[D]. 武汉:武

汉理工大学,2012.

[12] 康旸．长江危险品运输现状及发展对策研究[J].交通企业管理,2009,24(7):70-71.

[13] 郭彦飞．长江江苏段海事行政管理的法律适用[J].中国水运,2007(10):16-17.

[14] 苏萍,宁涛．欧洲内河运输发展趋势[J].中国水运,2006(2):54-55.

[15] 梁宪先．内河船舶防污染的现状及思考[J].中国水运,2009,9(8):16-18.

[16] 覃乐红．长江中小型民营船舶评价与研究[D].武汉:武汉理工大学,2012.

[17] 刘昭青．油污赔偿新举措——IMO 通过第三层赔偿机制[J].交通环保,2003,24(4):50.

[18] 刘丹．内河船舶防污染探讨[J].现代商贸工业,2010,22(12):363-364.

[19] 罗从蕤,朱国林．国际油污赔偿系统简析[J].交通环保,1999,20(6):25-29.

[20] 艾万政．内河通航标准对内河水路运输的影响研究[D].武汉:武汉理工大学,2006.

[21] 吴振会．论沿海内河船舶保险存在的问题与对策[D].上海:上海海事大学,2006.

[22] 刘乐才．关于沿海内河船舶“一切险”问题的几点探讨[D].北京:中国政法大学,2009.

[23] 骆云．上海内河船舶强制保险法律制度研究[D].上海:上海交通大学,2011.

[24] 魏勇．建立内河船舶强制责任保险制度的思考[C]//2006 年度

海事管理学术交流会优秀论文集 . 2006.
[25] 冼建伟 . 论沿海内河船舶保险价值与保险金额的关系与确定[J]. 中国保险,2013(3):44-46.
[26] 中华人民共和国交通运输部 . 2014 中国交通运输统计年鉴[M]. 北京:人民交通出版社股份有限公司,2015.
[27] 别涛 . 环境污染责任保险制度的中国构想[J]. 环境经济杂志,2006(35):49-55.
[28] 王康 . 论环境责任保险的功能与价值[J]. 特区经济,2006(12):303-304.
[29] 危敬添 .《HNS 公约》及其 2010 年议定书[J]. 中国远洋航务,2010(6):66-67.
[30] 李桢 . HNS 公约生效进程探析[J]. 中国海事,2014(8):35-37.
[31] 蒋丽英 . 保险之手如何"治理"环境污染[N]. 苏州日报,2014-12-17(A06).
[32] 中华人民共和国交通运输部 . 2013 中国交通运输统计年鉴[M]. 北京:人民交通出版社股份有限公司 . 2014.
[33] 胡正良 . 海事法[M]. 北京:北京大学出版社,2009.
[34] 邬先江 . 海事赔偿责任限制制度研究[D]. 大连:大连海事大学,2010.
[35] 王玫黎 . 船舶油污损害赔偿法律制度研究[D]. 重庆:西南政法大学,2007.
[36] 张伟伟 . 船舶污染内河水域损害赔偿若干法律问题研究[D]. 大连:大连海事大学,2010.
[37] 岳岩 . 浅议保赔协会在船舶油污保险中的作用[C]//船舶防污染经济研讨会论文集 . 2002.